郝倩 / 编著

9堂课

玩转**快手**＋

快影短视频

清华大学出版社

北京

内 容 简 介

本书基于当下热门的短视频平台快手及视频编辑处理App快影进行编写,对快手平台玩法、快影App剪辑创作及快手平台运营变现等内容进行全方位讲解。

全书共8章,从快手的界面、平台玩法和热门视频类型等基础知识讲起,依次讲解了拍摄工具、画面景别、运镜技巧等快手短视频拍摄方法和技巧,以及剪前准备、素材剪辑、添加字幕、画面转场、后期调整等视频剪辑内容,最后讲解了快手运营、快手小店、快手直播等内容,帮助快手用户快速涨粉和盈利。

本书适合希望用短视频记录生活,或想利用短视频在快手平台创业的读者,也适合广大自媒体创业者和以短视频为营销途径的电商、微商团队相关人员,还可作为培训机构、新媒体公司、短视频电商用户的参考用书。

图书在版编目(CIP)数据

9堂课玩转快手+快影短视频 / 郝倩编著. —北京:清华大学出版社,2021.10
ISBN 978-7-302-59315-7

Ⅰ.①9… Ⅱ.①郝… Ⅲ.①网络营销 Ⅳ.①F713.365.2

中国版本图书馆CIP数据核字(2021)第200934号

责任编辑:陈绿春
封面设计:潘国文
责任校对:徐俊伟
责任印制:沈 露

出版发行:清华大学出版社
    网 址:http://www.tup.com.cn, http://www.wqbook.com
    地 址:北京清华大学学研大厦A座 邮 编:100084
    社 总 机:010-62770175 邮 购:010-83470235
    投稿与读者服务:010-62776969, c-service@tup.tsinghua.edu.cn
    质 量 反 馈:010-62772015, zhiliang@tup.tsinghua.edu.cn
印 装 者:天津鑫丰华印务有限公司
经 销:全国新华书店
开 本:145mm×210mm 印 张:7.875 字 数:221千字
版 次:2021年11月第1版 印 次:2021年11月第1次印刷
定 价:59.00元

产品编号:091923-01

写作背景

短视频是当下生活中必不可少的项目，在短视频领域，除了抖音平台，快手是稳居第二的短视频平台。快手以大数据、人工智能等技术作为支撑，为用户提供一个内容创作、品牌传播、智慧分享的空间。快手短视频的内容覆盖生活的方方面面，用户遍布全球，已经成为营销的"必争之地"。

快手自成立以来，一直保持较快的增长。随着该平台流量的大量聚集，其商业价值也得到了充分显现，吸引了大量品牌商的关注。快手的特色是"记录世界，记录你"，为每位发布者提供情感上的依托，满足相应的网络社交需求。

本书特色

创作与运营相结合：本书内容并非纯粹介绍快手和快影，而是站在初学者的视角，解决新人面临的问题——快手怎么用？短视频应该怎么拍？拍了之后怎么利用快影加工？快手应该如何运营、变现？内容涵盖从快手的基本玩法，到短视频的拍摄、剪辑以及后期的引流变现。真正做到玩转快手和快影。

实操技术深入指导：本书包含快手定位、账号包装、权重打造、热门技巧；多重视角、拍摄景别、运镜技巧，如何使用手机高效拍摄优质素材；由基础剪辑到特效剪辑，包含素材加工、剪辑工具、音效、转场、素材、字幕、后期以及视频创作，教你用一部手机进行全流程视频剪辑制作。

本书内容

本书共8章，分为"平台篇""制作篇""运营篇"三部分，详细讲解短视频的内容策划、拍摄、剪辑、发布、运营、变现等内容，将理论与案例相结合，分步讲解，力求为短视频爱好者提供更多的帮助，同时解决许多短视频创作与运营时遇到的常见问题，最终帮助大家完成更好的短视频作品。

篇　　名	内 容 安 排
平台篇 （第1章、第2章）	本篇内容为快手平台基础知识，主要介绍快手平台的入门基本操作、短视频内容策划、拍摄技巧等内容，具体内容如下。 第1章：认识快手、平台玩法以及快手用户喜欢的作品解析。 第2章：介绍快手短视频素材的拍摄、工具使用、多重视角、景别运用、运镜技巧等。
制作篇 （第3章、第4章）	本篇内容介绍短视频的制作技巧，包括快影软件的使用、热门短视频的制作等，具体内容如下。 第3章：介绍短视频的剪前准备，以及快影App的各项剪辑功能，同时讲解音效处理、字幕、背景等功能的运用。 第4章：介绍快影的贴纸、特效、滤镜、美颜等功能，并用实际案例介绍热门快手短视频的创作。

续表

篇　名	内容安排
运营篇 （第5章～第8章）	本篇主要介绍快手短视频的各种运营技巧，包括品牌营销、引流吸粉、快手直播变现等，具体内容如下。 第5章：介绍短视频的发布技巧、互动技巧、涨粉技巧和上热门技巧等。 第6章：介绍快手的广告业务、平台盈利、内容周边等各种变现方法。 第7章：介绍快手小店的概念、添加商品的方法、小店养护的规则，以及营销卖货的方法和变现要素。 第8章：介绍快手直播的相关知识，包括开通直播所需的设备、直播带货的技巧等。

配套资源下载

　　本书的相关教学视频和配套素材请扫描下面的二维码进行下载。如果在配套资源的下载过程中碰到问题，请联系陈老师，联系邮箱chenlch@tup.tsinghua.edu.cn。

视频教学

配套素材

作者信息和技术支持

　　本书由河南工业职业技术学院郝倩编著。在本书的编写过程中，虽以科学、严谨的态度，力求精益求精，但疏漏之处在所难免，如果有任何技术上的问题，请扫描右侧的二维码，联系相关的技术人员进行解决。

技术支持

编者
2021年10月

目录

平台篇

制作篇

运营篇

平 台 篇

快手平台：
了解了才能玩得转

第1章

在玩转快手之前，首先需要对快手有一个全面的了解。本章将从认识快手、快手玩法、技术玩法及快手用户喜欢的作品解析4方面做具体介绍。

1.1　认识快手：3步了解快手平台

快手是如今炙手可热的平台，也是很多年轻人喜爱的一款App。不少用户都会在这个App上分享自己的生活和所见所闻。随着注册用户的增多，快手App也不再满足于只是一个社交型的视频平台，而是大胆迈步，加入了电商模式，成为一个全新的内容平台。这样的转变，不仅吸引了更多的用户加入平台，也吸引了一些商家和品牌入驻。本节将从平台简介、账号搭建和平台界面3个方面带领大家认识快手平台。

1.1.1　快手简介：了解快手是什么

随着5G时代的来临，网络媒体上的内容慢慢从图文向视频倾斜。短视频的诞生和兴起改变了许多用户原本的生活习惯。平台和企业也看到了其中的商机，加以利用，可以得到更好的发展机遇，热门短视频平台正在占据着大部分人的休闲时间。本小节将对快手的发展历程、用户画像及社区管理规范3个方面进行具体介绍，帮助大家了解快手。

1 发展历程

快手自成立以来，一直保持着较快的增长速度，表1-1为快手的发展脉络图。了解快手的发展历史，能够帮助我们了解该产品。

表1-1

年份	活动
2011年	推出原创移动应用程序GIF快手,供用户制作并分享GIF动图,是短视频的雏形
2012年	成为中国短视频行业的先驱;帮助用户在移动设备上制作、上传及观看视频
2013年	推出短视频社交功能
2016年	推出直播功能作为平台的自然延伸
2017年	第四季度,以虚拟打赏所得收入计算,快手主站成为全球较大的单一直播平台
2018年	开始发展电商业务
2019年	2019年8月,正式推出快手极速版,以商品交易总额计算,成为第二大直播电商平台
2020年	2020年上半年,快手的中国应用程序及小程序的平均日活跃用户数突破3亿

❷ 用户画像

快手的用户和抖音的用户是有所重叠的,其共同之处在于:年轻用户比例较高、女性比例高。其不同在于,从地域角度来对比:抖音用户在一、二线城市占比较高,快手用户在三、四线城市占比较高。

快手CEO宿华曾表示:"我们并没有作出这样的选择,这是中国社会的形态所决定的。我们把所有的用户抽象成一个人来看,他相当于一个'社会平均人'。中国人口中只有百分之七在一线城市,百分之九十三的人口在二、三线城市,所以这个'社会平均人'就落在了二、三线城市。"正如快手的CEO宿华所说,快手坚持的一条主线就是"专注普通人的生活,给普通人展示自己的舞台"。

❸ 社区管理规范

了解了快手平台的受众之后,我们还需要了解哪些操作是违规的,不违反平台规则才能走得更远。在快手的"违规查询"页面中点击"社区规范"按钮,即可查看具体条例,如图1-1所示。

图1-1

1.1.2　快手账号：注册及登录

视频类App往往很消耗流量和手机存储空间，刷过微博、玩过B站的网友都知道，手机联网后会根据信息流的大小产生流量并计费，因此，初次下载及体验快手前，最好在有无线网络或者流量充足的情况下进行，以免产生不必要的费用。

打开快手App后，软件会开始播放推荐的视频，我们已经可以"开心玩耍"了。但到这里为止，并不算真正入门，如果不进行注册并登录，快手中的大部分功能是无法使用的。那么，如何正式进入快手中呢？接下来的步骤非常关键。

01〉进入快手"发现"页，虽然可以观看视频，如图1-2所示，但不能进行评论、点赞等相关操作，并且点击"我"时会跳转至"登录"页面，如图1-3所示。

图1-2　　　　　　　　　图1-3

02〉 在登录界面点击"一键登录"按钮或"其他方式登录"按钮都会跳转至登录详情页，用户可以选择使用手机号登录，也可以选择用微信、QQ、微博等其他方式进行绑定登录，如图1-4所示。

03〉 注册完成后，即可进入快手页面正常使用相关功能，如图1-5所示。

图1-4　　　　　　　　　图1-5

注册完成之后，还需要对个人资料进行完善，在屏幕底部找到菜单选项"我"，点击进入"用户主页"，如图1-6所示。

图1-6

在"用户主页"中，可以看到头像、用户名、快手号等各类信息。点击页面上方悬浮窗口中的"完善资料"按钮，即可进入"个人资料"页，如图1-7所示。

图1-7

以上即为快手账号注册、登录以及修改资料的相关步骤。需要注意的是，个人信息的设置并不是一成不变的，个人与团队或企业账号也具有一定的区别。

1.1.3 快手界面：快速熟悉布局

完成注册和登录之后，可以算是正式"认识"快手了。但是大部分人对这个App并不熟悉,接下来笔者将详细介绍快手的页面布局。

前文提到打开快手App即可直接观看视频,进入快手之后是默认的推荐精选页面。目前主要包括"首页""同城""消息""我""精选"等多种元素,接下来将一一介绍。

1 首页

进入快手App后,看到的是首页的"精选"页面,如图1-8所示。由图中可以看到,页面下滑即可看到其他的视频,点击视频页面即可暂停播放。每一条视频都包含视频创作者、视频评论、点赞、评论、分享等按钮。

图1-8

在快手首页,如果不做任何操作,会循环播放目前推荐的短视频。虽然快手并没有"播放/暂停"按钮,但是可以通过轻触屏幕空白处暂停当前短视频,再次轻触可以继续播放。

如果在快手中刷到了精彩、好玩的视频,要怎样将它们保存起来,以便自己闲暇之时拿出来翻看和学习呢?无论是在快手首页还是视频作者的主页,都可以对视频进行点"赞",这样不仅可以将自己感兴趣的内容保存起来，还能给视频创作者带来额外的流量，图1-9所示为点赞之后保存的视频。

除了点赞之外，还可以对视频进行评论。快手作为一个社交软件，网络社交最基础的是参与感，无论是点赞还是评论，最终带来的都是互动。在视频右侧的"心形"的下方，可以看到"评论"按钮，同时可以看到评论的数量，点击"评论"按钮可以进入评论页详情页面，如图1-10所示。

图1-9

图1-10

在评论详情页面中，可以滑动查看评论的时间、账号和相关内容。点击评论栏右侧的灰色"心形"按钮，可以对评论进行点赞，也可以通过点击头像进入该账号的个人主页，除此之外，还可以在评论详情页底部的评论窗口进行评论的编辑和发布。

除了点赞和评论互动，分享也是表达对视频认同的方式之一。其一，社交通常是讲究礼尚往来的，不吝啬自己的分享，才能换来同等的尊重和分享；其二，在快手中善于分享也可以提高自己的人气。点击视频右侧的"分享"按钮，可以打开分享页面，如图1-11所示。在该页面中，可以看到，我们能将视频私信给快手好友，也可以分享至其他平台。

图1-11

在快手首页中，除了"精选"页面，还有"关注"和"发现"页面。在"关注"页面中，用户关注过的所有快手号发布的动态将会在这个页面中存在，如图1-12所示。"发现"页面则是系统推送的"可能感兴趣"内容，如图1-13所示。

图1-12

图1-13

② 同城

在底部找到菜单选项"同城"，点击进入"同城"页面，即可看到附近人发布的视频，如图1-14所示。点击"同城"页面右上角的"筛选"按钮，可以对距离和视频发布的时长进行自定义选择，如图1-15所示。

图1-14　　　　　　　　　　图1-15

在"同城"页面不仅可以自由选择距离和位置，点击"同城"页面左上角的"当前定位"按钮，还可以自主选择城市，只需在搜索框中输入城市名即可，如图1-16所示。

图1-16

3 消息

运营者发布视频所获得的赞和收藏、新增关注、私信信息、评论和@，可以在"消息"界面和"私信"界面中点击对应图标进行查看，如图1-17所示。

图1-17

在底部菜单选项"同城"页面中，除"消息"栏和"私信"栏外，还有"动态"栏，在这一页面中，用户可以看到已关注的视频博主发布的相关动态，如图1-18所示。

4 我

这一页面是对用户信息的汇总，包括个人资料、基本信息，发布的作品、收藏和赞过的视频动态，如图1-19所示。在"我"的页面中，可以查看或修改头像、二维码、名称、简介、背景图等内容，1.1.2节已详细介绍，在此不再赘述。

图1-18

图1-19

1.2　快手基础玩法：3种可以打造IP的玩法

视频内容作为快手的核心玩法，是成功打造IP的关键。一个真正成功的IP形象，不仅有丰满的性格，还要能够引发用户的情感共鸣。快手App提供了拍摄、剪辑和直播3种玩法，可以快速帮助用户成功打造自己的IP。

1.2.1　快手拍照：快拍模式照片在哪

快手的快拍模式允许用户一次拍摄多张照片，然后从中挑出最好的照片进行编辑，这对常用快手的用户来说是十分便捷的功能。那么在实际使用时，快拍模式怎么使用呢？具体如下。

01〉打开快手的拍摄页面，点击快手首页底部的◎图标，如图1-20所示。

02〉 在拍摄页面中点击"拍摄"按钮,即可使用快拍模式进行拍照,如图1-21所示。

图1-20　　　　　　　　　　图1-21

03〉 拍摄完毕后点击界面中的"相册"按钮,可查看拍摄的照片,选择满意的照片或视频,点击"下一步"按钮即可,如图1-22所示。

04〉 在快手中可以对作品进行简单的编辑,编辑完成后点击"下一步"按钮即可发布,如图1-23所示。

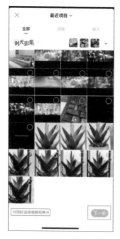

图1-22　　　　　　　　　　图1-23

1.2.2　快手视频：快手也能编辑视频

在了解快拍模式功能中不难发现，在发布快手视频前，视频编辑界面有很多功能按钮，这些功能按钮能够为视频增加多样化的效果，让视频更加生动有趣，提升用户的观看体验。很多有过拍摄经验的"快手达人"都知道，没有浑然天成的拍摄，只有用心良苦的剪辑。快手是集合视频拍摄和剪辑于一体的软件，这一点我们从预览页面就可以了解到，如图1-24所示，由于篇幅有限，笔者将主要从美化、配乐、封面、剪辑、贴纸这5个编辑功能向大家介绍。

图1-24

🔟 美化

在快手拍摄中，以人为主体的情况较多，就自然少不了美化工具。适当的美化可以减少面部瑕疵，让视频看起来更加美观。在快手中，美化这一功能也非常丰富，主要分为美颜、美妆、美体、滤镜等4种，接下来将具体介绍。

（1）美颜。

美颜功能主要是通过面部捕捉，对整体和局部进行微调，其核心的美颜功能有美白、磨皮、瘦脸、大眼等，而在快手中，直接将这些功能预设为1~5个等级，用户只需根据需求进行选择即可，具体如图1-25所示。

图1-25

15

（2）美妆。

除了美颜外，在美化功能中还有美妆功能，如果在拍摄视频时，对自己的妆容效果不满意，可以选择合适的美妆效果，对人的面部、五官进行渲染、描画、整理，增强整体印象，调整形色，掩饰缺陷，表现神采，从而达到美化视觉效果的目的，如图1-26所示。

图1-26

（3）美体。

美妆主要针对的是面部优化，而美体功能则主要针对人的身体部位进行优化。在实际拍摄视频的过程中，可能会因为一些客观因素将人体拍摄得不协调，这种情况便可以利用美体中的长腿、瘦腰、小头、天鹅颈等功能对画面中的人体进行调整，如图1-27所示。

（4）滤镜。

滤镜对拍摄的重要性，可以说是到了"无滤镜、不拍摄"的地步。合适的滤镜能为视频带来更丰富的色彩。快手短视频的滤镜分为人像、生活、美食、新锐、油画5种，如图1-28所示。

图1-27

图1-28

② 配乐

　　作为短视频，配乐自然是不可少的，甚至可以影响到拍摄视频的节奏。那么，如果要从零开始拍摄，又要进行什么样的操作呢？其实快手已经提供了很好的引导。在编辑视频的配乐页面中，用户可以选择自己喜欢的音乐，也可以在"收藏"中选择自己收藏的音乐，如图1-29所示。

图1-29

在配乐功能中，除了可以设置合适的背景音乐，还可以利用"录音"功能为视频添加配音，用户可以实时在剪辑项目中完成旁白的录制和编辑工作。在录制旁白前，最好连接上耳机，这样能有效地提升声音质量。如图1-30所示，长按录制按钮█，即可进行录音，录音结束后，点击☑按钮即可完成操作。

看到游戏类短视频的朋友应该知道，一些视频博主为了提高视频的人气，会使用变声软件对视频进行变声处理，搞怪的声音加上幽默的话语，时常能引起观众的捧腹大笑。

对视频原声进行变声处理，在一定程度上能够强化任务的情绪，使用"录音"功能完成旁白录制后，点击"变声"按钮即可根据实际需求选择声音的效果，如图1-31所示。

图1-30

图1-31

3 封面

纵观点赞多的优质视频，它们都有一些共同的特点，即充分体现交互性，突出文字；把握好尺寸和比例，图片不违规；风格统一，彰显形象等，一个好的封面设计能让用户在快速浏览中停下来观看该视频。

在快手中也可以对视频的封面进行设置，选择视频中的任意一帧，都可以将其设置为封面，如图1-32所示。除此之外，还可以在封面中添加封面文字，选择合适的文字模板，并自行添加适合视频主题的文字即可，如图1-33所示。

图1-32　　　　　　　　　　　　图1-33

❹ 剪辑

在快手的视频编辑页面，还可以对视频素材进行简单的操作，主要包括分割、删除、变速、旋转4种操作，接下来将具体介绍。

（1）分割。

在快手中分割素材的方法很简单，首先将时间线定位到需要分割的时间点，如图1-34所示。

图1-34

接着选中需要分割的素材，在工具栏中点击"分割"按钮，即可将选中的素材按照时间线的位置一分为二，如图1-35和图1-36所示。

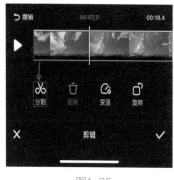

图1-35

图1-36

（2）删除。

如果在编辑过程中对某个素材效果不满意，可以将素材删除。删除的方式有两种，第一种是点击"撤销"按钮，即可对上一步操作进行撤销，达到删除素材的效果；第二种方式是在编辑页面的底部点击"垃圾桶"图标，即可将选中素材删除，如图1-37所示。

（3）变速。

在短视频制作时，灵活使用一些变速效果会令视频更加有趣。例如使用一些快节奏的音乐搭配快速镜头，会使整个画面显得十分动感，让观众情不自禁跟随画面和音乐摇摆；而使用慢速镜头搭配一些轻音乐，则会使整个视频的节奏变得舒缓，让人心情放松。

在快手中，片段的播放速度可以自由调节，通过调节可以将视频片段的速度加快或者变慢。在时间轴中选择一段普通速度的视频片段，再选择上方的"极慢、慢、标准、快、极快"，即可对视频的速度进行调整，如图1-38所示。

图1-37　　　　　　　　　　图1-38

（4）旋转。

要想在不改变画面大小的情况下进行旋转操作，点击"旋转"按钮🔲，即可对画面进行顺时针旋转，且不会改变画面的大小，如图1-39所示。

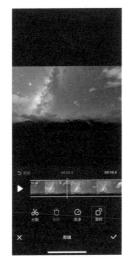
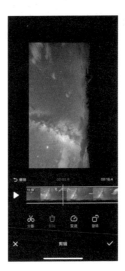

图1-39

5 贴纸

动画贴纸功能是如今许多短视频编辑类软件中具备的一项特殊功能，通过在视频画面上添加动画贴纸，不仅可以起到较好的遮挡作用，还能让视频画面看上去更加炫酷。

在快手的剪辑项目中添加了视频或图像素材后，点击工具栏中的"贴纸"按钮 ，在打开的贴纸选项栏中可以看到几十种不同类别的动画贴纸，而且贴纸的内容还在不断更新，如图1-40和图1-41所示。在贴纸选项栏中，用户可以在不同贴纸类别下筛选想要添加到剪辑项目中的贴纸动画。

图1-40

图1-41

1.2.3 快手直播：新手如何开始直播

如今，直播已经扩散到各行各业，很多企业、品牌、个人都将实现价值的希望寄托在直播上。快手作为广受欢迎的短视频平台之一，是直播的战略要地。运营者可以把握这一机会，从中实现变现的目的。那么，新手应该如何在快手中开始直播呢？接下来将具体介绍。

01〉打开快手并点击左上角的"功能菜单"按钮 ，即可看到功能栏，点击"设置"按钮，即可进入设置页面，如图1-42和图1-43所示。

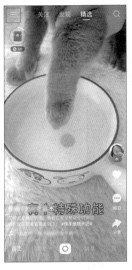 

图1-42 图1-43

02 在"设置"页面，点击"开通直播"按钮后，自动跳转至"实名认证"页面，依次输入姓名和身份证号后，点击"进入人脸核验"按钮，完成实名认证，如图1-44和图1-45所示。

图1-44 图1-45

03 完成前面的步骤之后，即可进入"开直播"页面，添加直播封面后，点击"开始视频直播"按钮便可正式直播，如图1-46所示。

图1-46

1.3　快手进阶玩法：3种可以产生效益的玩法

快手玩法，还只是基础玩法，想要达到更佳的效果，快手的推荐算法、话题的使用、视频封面的设置一个都不能错过。本节将为大家具体介绍相关技术玩法。

1.3.1　快手的推荐算法：分析掌握规律

快手中有各行各业、类型不同账号发布的视频。其中既包括各品牌的推广营销视频，也有普通用户发布的视频，但质量却参差不齐，热度也各异。很多商家也会苦恼为什么自己做的不如别的品牌，为什么投入得多效果却不好？本小节将具体为大家介绍快手的推荐算法，希望能帮助读者消除疑虑。

快手的定位是内容社区和社交平台，而非一家纯粹的短视频平台。因此，快手的运营逻辑是先搭建关系，再优化内容，良好的社区互动关系是平台运营的核心，多列或者多行的模式能够提供更多选择，用户根据封面、标题等更容易找到个人感兴趣的内容，如图1-47所示。

图1-47

抖音和快手是用户量较大的两家平台，但这两家平台的推荐机制有一定区别。抖音是中心化的推荐机制，即视频通过审核后，平台便会匹配相关用户，对视频进行推送。

在初级流量池里，平台会自动将视频推荐给100～1000名用户，接着平台会根据相关数据判断是否让视频进入二级流量推荐，将视频推荐给更多的用户，并以此类推。在抖音平台，如果视频的播放量和转发量达到某个值，算法就会将这个视频判断为受欢迎的视频内容，然后叠加更多流量。

快手是去中心化的推荐机制，即在前期不会对视频进行分类和排行，而是以红心（点赞量）的多少进行推荐，通过全方位的数据，精准刻画出用户画像。针对不同的用户，推荐其愿意观看的视频，以提升视频观看率和增强用户黏性。

快手要求视频的内容，具有互动性、原创性、时效性以及新鲜度。平台在推荐视频时会综合各类因素，组合各种推荐算法，覆盖用户不同的需求，不停根据用户发生的行为分析用户意图，尽可能达到系统所推荐的视频都是用户想看的效果，以提升视频观看率和增强用户黏性。也就是说，用户在使用快手产品的过程中，每一步都会影响其算法，达到产品的个性化。

1.3.2 话题参与感：善用话题增热门

话题有很好的引导和引流作用，添加话题后用户在搜索关键词时也能搜到视频动态，如图1-48所示，在搜索框内输入"#头像"和"#旅游"，即可出现"热门"和"旅游"的相关话题，这是一个增加视频曝光量的绝佳方法。

图1-48

除此之外，点击话题可看到话题所在的页面，在该页面中能够看到话题相关的视频，如图1-49所示。

图1-49

由图1-49可看出，在话题页面中能看到一些相关的热门视频动态，还能让广大用户参与视频互动，提高用户的黏性和活跃度。参与话题的方式也很简单，在发布视频动态或图片动态时，点击"#话题"按钮，输入与视频内容关联的话题关键词即可。不仅如此，输入话题后，还会自动出现相关话题及热度，用户可以自由选择话题，如图1-50所示。

一条动态可以添加的话题不限个数，同一条动态可添加多个与之相关的话题，如图1-51所示。

图1-50

图1-51

在快手中，添加话题无疑是使视频获得平台推荐的"秘籍"。视频作品中吸引人的创意和丰富的内容自然会增加曝光率，加上话题还会吸引兴趣相同者的点赞、评论和关注。

1.3.3　视频封面：名片化的视觉效果

前文提到过在快手的编辑页面可以对封面进行设置。纵观点赞多的优质视频，它们都有几个共同的特点，既充分体现了交互性，又突出了文字；把握好了尺寸和比例，图片不违规；风格统一，彰显形象等，一个好的封面设计能让用户在快速的浏览中停下来观看你的视频。

在设计封面时设置一个怎样的定格画面，如何在封面的基础上为视频增添色彩是一个合格的运营者应该掌握的技巧。接下来将为大家介绍一下视频封面该如何掌握好尺寸与比例。

1 整齐统一

快手虽然可以截取视频中的任意画面作为封面，但由于我们每次发的视频可能主题不同，导致视频的风格也不同，所以建议大家制作一张封面并在视频开头停留0.5秒，既不影响观看视频，又可以保持风格的统一。图1-52所示为两个快手创作者的快手封面，图中的两个快手创作者都设置了整齐统一的封面图片。

图1-52

2 没有水印

在快手中最好不要使用有水印的图片。对于自媒体创作者来说，如果使用了其他自媒体带有水印的封面图片，无疑是对其他自媒体版权的侵害。这在快手中也属于一种违规操作，会影响视频的推荐力度。因此，我们在制作快手封面时要谨慎选用图片，注重原创和真实性，不侵犯他人版权。

对于想要打造个人IP的创作者来说，使用自己的形象图片作为封面是最好不过的，既保证了原创性又保证了真实性，还有利于让用户认识你。

③ 清晰度高

清晰度不够高的封面图片会让用户在观看视频感觉不舒适，降低用户对视频的期待程度。清晰度高的封面能够提升画面质感，增强画面的表现力，打造更佳的视觉效果。图1-53所示的封面就是正确示范，清晰的画面不仅能提高用户的好感，还对视频的播放完整度有帮助。

图1-53

④ 简单明了

封面图片上元素的数量能够衡量封面图片的好坏。元素过多会影响图片的整体表达，在视觉上也会觉得杂乱、没有重点。对于视频创作者来说，应该尽量选择元素适中、简单明了的封面。大小适中、比例协调、谨守规则的封面可以瞬间提升内容的质感，衬托视频整体的品位。

1.4　深度解析：快手用户喜欢哪类作品

了解快手的基础玩法后，作为运营者还需对快手平台的作品类别有所了解，本节将从5种分类介绍在快手中易受读者喜爱的作品。

1.4.1　生活技巧类：方便实用要讲究

许多用户在快手刷视频时是抱着猎奇的心理的，那么哪种内容能够有效吸引到用户呢？其中一种就是生活小技巧类的内容。因为快手的用户在刷到自己不知道但是又很实用的技能时，会感到不可思议。其中技能包括的范围很广，既包括各种绝活，又包括一些小技巧。图1-54和图1-55所示为在生活中能用上的小技巧。

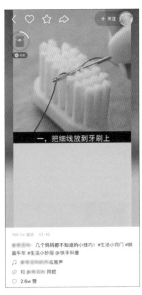

图1-54　　　　　　　　　　图1-55

除了上图中的生活小技巧，还有抓娃娃"神器"、剪刀娃娃机等娱乐技能；快速点钞、创意堆造型补货等超市技能；剥香肠、懒人嗑瓜子、剥橙子等"吃货"技能；叠衣服、清洗洗衣机、清理下水道等生活技能……

由于这类技能都是用户通过视频学习就能学会并运用的技能，且男女老少都能用得着，因此受众很广。与其他类型的视频不同，用户在刷到生活技巧类视频时会觉得新奇，从而进行收藏，甚至将视频转发至朋友圈。因此，这类视频只要实用，播放量就会非常高。

1.4.2 美食美景类：视觉效果要突出

在快手上，分享美食美景的短视频也非常多。美景能够激起大家说走就走的心灵共鸣和浪漫情怀，让因为生活和工作不能随时出发的人产生心灵上的满足感。旅游类的视频也包括很多种类型，比如旅行达人、旅行攻略、景点推荐、出行手账等。图1-56所示，为旅游自媒体的快手账号。

图1-56

该快手博主在视频中分享旅行途中的所见所闻所感，获得了很多粉丝的喜爱。除了美景外，美食也可以在短视频中进行展示。美食类的热门短视频也有很多种细分领域，如制作过程展示、达人、街头美食旅游、美食推荐、食谱搭配等。

除了先天条件之外，用户还可以通过衣着和妆容让自己看起来神采奕奕，提升颜值；从景物和食物等方面而言，也同样可以通过高超的摄影技术打造一个高推荐量和高点赞量的视频，图1-57所示为美食博主李子柒的快手账号。

图1-57

1.4.3　才艺技能类：颜值想法要异化

在快手中，有一批具有才艺的高手。才艺不仅仅指唱歌跳舞，只要是自己擅长而很多人不会的技能都能称为才艺，例如摄影、绘画、乐器、绘画、书法、手工、相声、表演等。在快手中，我们常能在热门中刷到的才艺类视频有歌曲推荐、歌曲演绎、舞蹈、乐器展示、健身瑜伽、魔术等。

　　快手中的音乐博主"陈逗逗"，在快手的直播中走红，是一名拥有千万级粉丝的歌手。该博主不仅唱歌好听，而且好看的颜值也是一个加分项。"陈逗逗"的作品都是在直播间演绎的。

　　"陈逗逗"除了发布一些歌唱视频之外，还在陆续推出个人的原创作品。她凭借好听的嗓音和坚持梦想的正能量人设，从默默无闻到大众熟知，获得了很多人的喜爱，并加入了快手的女子演唱组合Ksgirls，作为其成员与伙伴共同出演《多彩视界》的MV。图1-58所示为"陈逗逗"的快手主页和视频作品。

图1-58

　　除了"陈逗逗"这种已在其他平台积攒了一定粉丝的博主外，拥有才艺技能的素人在快手中也大受欢迎。图1-59所示为舞蹈博主"霹雳舞凯凯"在快手中发布的作品。该博主是自学成才的。从他在短视频平台上传了第一个在工地跳舞的视频开始，就引起了大量网友的关注。

　　"霹雳舞凯凯"的舞蹈视频虽然没有优美的背景和精致的舞服，

但他拥有专业的舞姿，舞蹈动作丝毫不输给专业舞者。看了他的舞蹈视频的粉丝都直呼让其"出道"。

图1-59

在快手中，无论你是否拥有高颜值，无论是有一定名气还是素人，只要有专业的才艺技能，并坚持真实分享，都有机会被大家看到，被大家喜爱。

1.4.4　知识分享类：职业化网课不错

如果通过看视频，能够获得一些知识，那么也会引起用户的兴趣。在视频号中，能够获得热门推荐的干货类视频有职场知识、新媒体知识、生活类知识、操作类知识、素材推荐、个人成长等。

许多人觉得英语这门学科学习起来很困难，也很难提起兴趣。具有这方面才能的博主就可以在快手中分享相关知识，如图1-60所示。该博主在视频号中分享一些英语知识，吸引了许多用户的关注。

在该账号积累到一定粉丝数量时，还开设了一些线上课程，如图1-61所示。

图1-60 　　　　　　　　　图1-61

1.4.5　搞笑娱乐类：个人魅力成潮流

搞笑类的视频在短视频中一直很受欢迎。在快手中，推荐率比较高的搞笑类视频主要有自制搞笑拍摄、相声曲艺、搞笑影视片段等。在短视频平台中，用户可以自行拍摄各种原创幽默的段子，变身搞笑博主，获得大量粉丝的关注。图1-62所示为搞笑博主自制的搞笑类视频，受到了很多微信用户的喜爱。

图1-62

　　快手中的搞笑段子大部分源于生活，与普通人的生活息息相关。用户在观看时会产生亲切感和代入感。除此之外，搞笑类视频的内容丰富多彩，涉及面广，不会轻易产生视觉疲劳，这也是搞笑类视频一直受欢迎的原因之一。

素材拍摄：
拍好素材手机就够了

第2章

了解快手后，即要开始"重头戏"——拍摄视频了。看视频不如玩视频。想要真正体验快手，一定要制作属于自己的短视频。很多新手在拍摄视频前都不敢轻易尝试，或者毫无头绪，不知如何下手，但实际上拍摄视频素材的难度并没有想象的那么大，需要的只是展现自我的勇气和释放压力的决心。

如今，手机已经成为大多数人生活中常用的工具，手机镜头的像素也从当初的30万、50万、100万，到现在的500万、800万，甚至是2000万。这样的像素已经完全可以胜任视频的拍摄。本章将从拍摄视频的准备工作开始，向大家介绍相关的拍摄技巧，相信通过本章内容，能帮助读者拍摄出好看的短视频。

2.1　手机拍摄：3种必要的基本功

在使用手机拍摄之前，我们需要先了解相关的准备、拍摄手法及拍摄模式，做好这些基本功，在后续的拍摄过程中才能得心应手，本节具体介绍相关内容。

2.1.1　工具使用：轻便的支架和三脚架

无论是业余拍摄还是专业拍摄，轻便的支架和三脚架的使用频率都很高。技巧拍摄往往离不开这些工具的帮助，如夜景拍摄、微距摄影等。使用这类辅助设备可以很好地使机器保持稳定，并帮助拍摄者更好地完成一些推拉和提升动作，如图2-1和图2-2所示。

图2-1　　　　　　　　　　　　　　图2-2

市场上有许多不同形态的拍摄支架和三脚架，并且越来越趋于轻便化，体积更小，更方便随身携带，便于随时随地使用。

在常规的便携支架和三脚架的基础上，衍生出了一些创意"神器"，例如"壁虎"支架。这类支架除了普通支架的稳定性之外，其特殊的材质能随意变化形态，因此可以攀附固定在如汽车后视镜、户外栏杆、户外树枝等狭小区域上，如图2-3所示，从而获得出乎意料的镜头视角。

　　除了上述支架外，还有一些支架和三脚架支持安装补光灯、机位架等配件，可以满足更多场景和镜头的拍摄需求，如图2-4所示。

图2-3　　　　　　　　　　　　　图2-4

2.1.2　拍摄手法：好用的蓝牙自拍杆

　　在进行自拍类视频拍摄时，由于手臂长度有限，因此拍摄范围就有了一定的限制。如果想进行全身拍摄，或者让身边的人都进入镜头，就要用到另一种常见的拍摄辅助工具——自拍杆，如图2-5所示。

图2-5

　　要在众多的视频拍摄辅助器材中找到适合自拍的工具，自拍杆绝对是一个不错的选择。自拍杆主要有以下两个优点。

● **便宜，性价比高。**

● 使用简单方便，但功能强大。

自拍杆的安装比较简单，只需将手机安装在自拍杆的支架上，并调整支架下方的旋钮来固定手机。支架上的夹垫通常会采用软性材料，牢固且不伤手机，如图2-6所示。自拍杆可以分成手持式和支架式两种，一般来说手持式最为常见，支架式相对更专业一些。

从自拍杆的"硬件配备"来看，大部分自拍杆的拉伸范围为24～94cm，也有65～135cm的。自拍杆的长度可以根据需求进行调节。

随着拍摄的需求越来越多，手机的拍照技术越来越强，手持自拍杆也越来越方便。自拍杆还可以手持远距离拍摄。蓝牙自拍杆是一种通过蓝牙配对来控制拍照、自拍的工具。通过蓝牙控制，实现更远距离的拍摄，如图2-7所示。

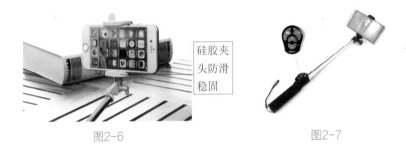

硅胶夹头防滑稳固

图2-6   图2-7

拓展讲解：蓝牙连接的有效范围一般在10m左右。如果希望得到更"广角"的效果，则可以选择能拉伸至135cm的自拍杆。另外，自拍杆前端的手机夹是否支持大角度旋转也非常重要，一些自拍杆的设置旋转角度为360°，一些则可以达到720°立体旋转。

2.1.3 拍摄模式：常规模式和专业模式

如今市场上手机配备的镜头越来越多，为什么要配备这么多镜头？实际上是为了满足不同环境下的拍摄需求，有的镜头负责长焦，有的镜头负责广角，有的镜头负责彩色成像，等等。

在手机的拍摄界面或设置中，常常有多种拍摄模式，如基本的"常规模式"、专业的"全景模式""人像模式""HDR模式"等，接下来做具体介绍。

1 常规模式

"常规模式"是手机拍摄中最常见的一种模式，即打开手机相机后的默认模式，通常被命名为"照片"或"拍照"模式，如图2-8所示。

图2-8

常规模式是使用手机拍摄时使用频率最高的一种拍摄模式。在这种模式下，不需调节任何拍摄参数，只需要在拍摄前轻触屏幕，使对焦点对准拍摄的主体，然后按下快门键即可，如图2-9所示。

图2-9

2 全景模式

全景模式，可以拍摄视野更加广阔照片，让照片获得超广视角。

手机的拍摄中都有全景模式，可切换进行拍摄，如图2-10所示。

图2-10

开启全景拍摄模式后，还没有真正启动。要启动全景拍照，先按下快门键，同时由左向右水平匀速移动手机，再次按下快门键，结束全景拍摄。

拓展讲解：全景拍摄要控制好镜头移动速度。在移动手机时，需要双手稳定平移，确保手机在同一水平线移动。全景最常用来拍摄风光照片，但并非任何风光场景都适合拍摄全景，如图2-11所示。拍摄全景图最好选择视野开阔、取景角度较好的位置进行拍摄，如山顶、楼顶等处。

图2-11

❸ 人像模式

"人像模式"是用手机模拟专业相机的大光圈浅景深效果，通过算法抠取对焦主体，对背景进行虚化处理，达到突出拍摄主题的效果。这是单摄手机无法做到的。如图2-12所示，为iPhone手机双镜头下的人像模式。

图2-12

背景虚化在画面中的作用主要是弱化背景，强调主体的细节，让视觉集中在主体的景物上，同时使照片具有层次感。在拍摄静物、人物等主体突出的题材时，便可以使用这一拍照模式，如图2-13所示。

图2-13

❹ HDR模式

HDR（High Dynamic Range）是指高动态光照渲染图像。和普通照片相比，HDR模式可以提供更多的动态范围和图像细节，利用每个曝光时间相对应最佳细节的LDR图像来合成最终的HDR图像，能够更好地反映出真实环境中的视觉效果。

简单来说，开启HDR模式后，会兼顾亮部和暗部区域的曝光，使照片的整体曝光更均匀。在这种模式下拍摄出来的照片，色彩也会更加饱满。在手机拍摄界面，有HDR开关，打开即可使用HDR模式拍摄，如图2-14所示。

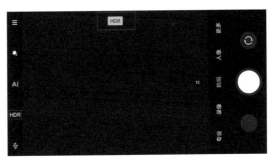

图2-14

2.2 多重视角：3种创意满分的视角

在摄影创作中，即使在同一时间、同一地点拍摄同一个场景，不同的角度拍摄出来的照片也不尽相同。这跟拍摄的角度有很大的关系。拍摄的角度不同，得到的画面效果也会有很大的不同。本节将介绍3种拍摄视角。

2.2.1 平视：突出主体，引人注目

平视是日常拍摄中最常用的拍摄角度。利用平视拍摄的照片也最符合人眼的视觉习惯。所谓平视，就是指将手机和被摄主体保持在同一水平位置进行构图拍摄。平视拍摄的画面，可以包含多个主体，画面能给人稳定、均衡、平和的视觉效果。

在使用平视拍摄时，需要有意识地突出主体，如图2-15所示，可以使食物主体的特点更好地表现出来。

图2-15

2.2.2 仰视：下宽上窄，夸张效果

仰拍是指手机拍摄角度低于被摄主体，从下至上进行拍摄。运用仰视拍照，会产生主体下宽上窄的视觉效果。特别是在使用广角镜头后，这种变形更加明显。很多拍摄者正是利用这种夸张的变形来增强画面的视觉冲击力。当距离被摄主体越近时，变形效果越明显；当距离被摄主体越远时，变形效果较微弱。仰拍是比较常用的拍摄手法，尤其在建筑摄影中，仰拍较为常用，如图2-16所示。

图2-16

在拍摄人物时，仰视拍摄可以将人物拍摄得高大、苗条，如图2-17所示。这种拍摄角度不同于传统的视觉习惯，因此改变了人眼观察事

物的视觉透视关系，所呈现出来的效果会令人感觉新奇。人物本身的线条均向上汇聚，增强夸张效果。

图2-17

2.2.3 俯视：从上至下，纵览全局

俯视是指手机的位置高于被摄体，从上至下进行拍摄。俯视可以让更多的元素进入画面中。因此如果需要拍摄大场景或希望得到视觉冲击力较强的画面效果时，可以使用俯视完成拍摄，如图2-18所示。

图2-18

拓展讲解：在拍摄人物时，俯视拍摄可以展现人物所在的空间层次，还可以拍出瘦脸的效果，如图2-19所示。俯视还是拍摄"睡美人"的最佳视角，但需要控制拍摄的角度，因为俯视的角度会压缩画面的空间感与人像的立体感。因此尽量不要采用垂直地面的俯

视角度，而是采取斜下方的俯视角度，如图2-20所示。

图2-19   图2-20

2.3 拍摄景别：3种丰富视频画面的景别

了解了拍摄的视角之后，拍摄景别也是值得了解和学习的。景别是指由于手机与被摄体的距离不同，造成被摄体在画面中所呈现出的范围大小的区别。通常有特写景别、中景景别和远景景别三种类型，本节将逐一讲解。

2.3.1 特写景别：增加画面的神秘感

通过特写景别拍摄出来的画面，具有一定的联想性。因为特写只会拍摄出人体的某一个部位，或环境中的某一件物品、一个建筑的局部，无法体现出完整的环境，所以使用这一景别拍摄时，应在"特"字上面下足功夫，表现出被拍摄对象特殊的造型、纹理、结构，使画面清晰逼真、细节鲜明突出，如图2-21所示，为花艺店的插花特写。

图2-21

2.3.2　中景景别：表现草地上的孩子们

中景景别是指在有限的环境中，将某一对象的主要部分体现出来。和特写景别相比，中景的取景范围稍微大一些。通过中景拍摄出来的景物，既能表现拍摄主体，又可以交代拍摄环境，同时还有利于表现故事情节及对象之间的联系。图2-22所示为通过中景景别，清晰地表现了一群在草地上玩纸飞机的孩子们。

图2-22

中景主要呈现生动的情节，因此其构图主要是揭示人或物最富表现力之处，拍出与全景和近景不同之处。例如在拍摄人物时，就要舍弃不重要和没有表现力的内容，重点抓住人的动作、手势、姿态以及人与人之间的交流，画面也应以人物为主，景物为辅。

2.3.3 远景景别：烘托田野里的风景

远景一般用来表现远离手机的环境全貌，其画面所展现的是视野宽阔、包容广大的空间，画面中如果包含人物，则背景占主要地位，人物较小，给人整体协调的感觉，不会突出交代具体的细节。

远景画面的特点是空间大、景物层次多、主体形象矮小、陪衬景物多，能够在很大范围内全面地表现环境。远景景别通常用于介绍环境，抒发情感。在拍摄外景时常常使用这样的镜头，能够有效地描绘雄伟的峡谷、田园的风景、荒野的丛林等，如图2-23所示。

图2-23

::::::::::::::

2.4 运镜技巧：6种简单实用的镜头

在制作快手短视频时，如果想要把视频制作得更精美、更吸睛一些，掌握运动摄像的常用技巧和准则是基本要求。相声里的基本功有说、学、逗、唱，而拍摄的基本法则可以分为推拉、摇、旋转、横移、升降、跟随等。这中间自然有很多技巧，本节将介绍运动拍摄的相关内容，为之后制作视频奠定良好的基础。

2.4.1 推拉镜头：交替转换拍摄场景

推镜头是镜头指向拍摄对象，或者变动镜头焦距使画面框架由远而近，向被摄主体不断接近的拍摄方法。推镜头可以形成视觉前移效果，会使被摄主体由小变大，周围环境由大变小，如图2-24所示，为推镜头的前后对比效果图。

图2-24

推镜头在拍摄中的作用是：突出被摄物，使观众的视线慢慢接近被拍摄对象，并逐渐将观众的注意力从整体引向局部。在推镜头的过程中，画面所包含的内容逐渐减少，通过镜头的运动摒弃画面中多余的东西，从而突出重点，推进速度的快慢也可以影响和调整画面节奏。

拉镜头则和推镜头相反，是手机不断地远离拍摄物体，拉镜头的作用可以分为两方面：一是表现主体人物或景物在环境中的位置，即在手机向后移动的过程中，逐渐扩大视野范围，从而在一个镜头内反映局部与整体的关系；二是镜头之间的衔接需要，比如前一个是一个场景中的特写镜头，而后一个是另一个场景中的镜头，两个镜头通过拉镜头的方式衔接起来，会显得十分自然，如图2-25所示，为拉镜头的前后对比效果图。

图2-25

2.4.2 摇镜头：有效拉长时间和空间

摇镜头是手机的位置保持不动，只靠镜头变动来调整拍摄的方向。这类似于人站着不动，而靠转动头部来观察周围的事物。可以模拟人眼效果进行叙述，控制空间描述环境。图2-26所示为摇镜头的前后对比图。

图2-26

2.4.3 旋转镜头：烘托人物的眩晕感

旋转镜头是指摄像机拍下被摄主体或背景呈旋转效果的画面，常用的拍摄手法有以下几种。

● 沿着镜头光轴仰角旋转拍摄。

● 摄像机呈360°快速环摇拍摄。

● 被摄主体与拍摄几乎处于一轴盘上作360°的旋转拍摄。

● 摄像机不动的情况下，将胶片或者磁带上的影像或照片旋转，倒置或转到360°圆的任意角度进行拍摄，可以顺时针或逆时针运动。

● 运用旋转的运载工具拍摄，同样可以获得旋转的效果。

旋转镜头技巧往往被用来表现人物在旋转中的主观视线或者眩晕

感，或者以此来烘托情绪，渲染气氛。图2-27所示为旋转镜头的运动
方向。

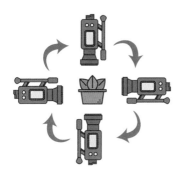

图2-27

2.4.4　横移镜头：表现人与景空间关系

移镜头技巧是法国摄影师普洛米
澳于1896年在威尼斯的游艇中受到的
启发，设想用"移动的电影摄影机"
来拍摄，使不动的物体发生运动。于
是在电影中他首创了"横移镜头"，
即把摄影机放在移动车上，向轨道的
一侧拍摄的镜头，横移镜头的运动方
向如图2-28所示。这样拍出来的视频可

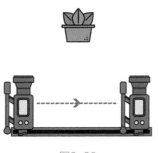

图2-28

以达到人力所不能及的稳定性，在电影行业中应用颇多。

2.4.5　升降镜头：表现人物奔跑流动感

升降镜头，是指摄像机上下运动拍摄画面，是一种从多视点表
现场景的方法，其变化的技巧有垂直方向、斜向升降和不规则升降。

在拍摄的过程中，不断改变摄像机的高度和俯仰角度，会给观众造成丰富的视觉感受。升降镜头如果在速度和节奏方面运动适当，可以创造性地表达一个情节的情调，常常用来展示事件的发展规律，或在场景中做上下运动的主体对象的主观情绪。如果能在实际的拍摄中与

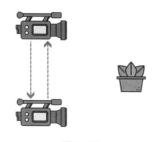

图2-29

镜头表现的其他技巧结合，能够表现出丰富多变的视觉效果，升降镜头的运动方向如图2-29所示。

2.4.6 跟随镜头：正反方向跟随拍摄

跟随镜头，是指摄像机跟随运动状态下的被摄对象进行拍摄，有推、拉、摇、移、升降、旋转等形式。镜头跟拍使处于动态中的拍摄对象（主体）在画面中的位置保持不动，而前后景可能在不断变化。这种拍摄技巧既可以突出运动中的主体，又可以表现物体的运动方向、速度、体态，以及其与环境的关系，使物体的运动保持连贯性，有利于展示被摄对象在动态时的精神面貌，跟随镜头的运动方向如图2-30所示。

图2-30

制 作 篇

快影基础剪辑：
素材加工与内容编辑很简单

第3章

学习了拍摄视频的相关技巧后，还要对拍摄好的短视频素材进行润色、加工。前期的拍摄工作好比是写一篇小说，需要构思、搭建框架，然后完成初稿；而后期制作就是对初稿进行加工、完善，使作品更完整，为大众所接受、喜爱。

快影是快手指定的视频编辑工具，用于编辑游戏、美食和段子等视频，功能强大，简单易用。本章就以快影这款功能丰富的视频编辑App为例，简要讲解和演示手机短视频编辑的各项基本操作。之后的大部分讲解和操作也以这款App为主。读者也可以根据自己的喜好选择适合自己的App进行视频的编辑和处理工作。

3.1 剪前准备：高效输出内容

在进行视频的编辑和处理工作之前，务必先掌握素材的各项基本操作，包括素材的添加、素材大小及位置的调整、素材排列方式的调整等。

3.1.1 素材整理：轻松查看画面情况

快影的界面整体一目了然，功能也非常丰富、全面。首页包括"创作""模板""上热门""我的"4栏，本章就以iOS版本为例，向大家具体介绍使用快影App剪辑短视频的方法。

首先添加素材。在快影中添加素材的方法很简单，创建项目后，在主界面中点击"剪辑"按钮，即可进入素材添加界面，如图3-1所示。

在素材添加界面中，用户可以选择添加手机本地相册中的图像或视频素材。打开手机相册，用户可以在该界面中选择一个或多个视频或图片素材，选择完成后，点击底部的"完成"按钮，如图3-2和图3-3所示。

进入视频编辑界面后，可以看到选择的素材分布在同一条轨道上，如图3-4所示。在素材添加界面，无论是选择本地相册中的图片或视频素材，还是选择快影内置素材库中的素材，都可以同时选择几组素材，

图3-1

进行一次性导入。

 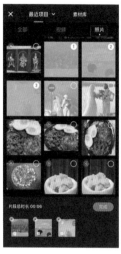 

图3-2　　　　　　　　　图3-3　　　　　　　　　图3-4

3.1.2　删除工具：筛选素材片段

如果在编辑过程中对某个素材效果不满
意，可以将素材删除。删除的方式有两种，第
一种是点击"撤销"按钮↰，即可对上一步操
作进行撤销，即可删除素材；第二种方式是在
编辑页面的底部点击"垃圾桶"图标🗑，即可
将选中素材删除，如图3-5所示。

除此之外，第一种删除方式也可以用于素
材误删的恢复。在视频编辑软件中，可以通过
撤销操作来实现误删素材的恢复。如果在快影
中误删素材，点击左下角的⬅按钮，即可取消
上一步操作。

图3-5

3.1.3 裁剪工具：确实视频比例

画幅比例是用来描述画面宽度与高度关系的一组对比数值。对于视频来说，合适的画幅比例可以为观众带来更好的视觉体验；而对于视频创作者来说，合适的画幅比例可以改善构图，将信息准确地传递给观众，从而与观众建立更好的连接。

在快影中，用户可以为视频素材应用多种画幅比例。在未选中素材的状态下，点击顶部的"比例"按钮🔳，打开比例选项栏，可以为视频设置合适的画幅比例，如图3-6所示。

图3-6

在比例选项栏中点击任意一个比例选项，即可在预览区域中看到相应的画面效果，如图3-7所示。

图3-7

3.1.4 调整顺序：长按视频随意调

视频的编辑工作主要是通过在一个视频项目中放入多个片段素材，然后通过片段重组，形成一个完整的视频。当用户在同一个轨道中添加多段素材时，如果要调整其中两个片段的前后播放顺序，只需长按其中一段素材，将其拖动到另一段视频的前方或后方，即可调整素材片段的播放顺序，如图3-8和图3-9所示。

图3-8   图3-9

3.2　剪辑工具：上手制作视频

将素材整理完毕后，还需要对素材进行剪辑，才能让视频的观感更好。素材剪辑的各项操作包括素材分割、画中画、倒放、增加动画效果等。

3.2.1　替换工具：更换现有素材

替换素材是视频剪辑的一项必备技能，它能够帮助用户打造出更符合心意的作品。在进行视频编辑处理时，如果用户对某个部分的画面效果不满意，若直接删除该素材，势必会对整个剪辑项目产生影响，想要在不影响剪辑项目的情况下换掉不满意的素材，可以通过快影中的"替换"功能轻松实现。具体步骤如下。

01〉在轨道区域中，选中需要进行替换的素材片段，然后在底部工具栏中点击"替换"按钮 ，如图3-10所示。

02〉进入素材添加界面，点击需要替换的素材，如图3-11所示。

图3-10

图3-11

03〉进入素材替换页面，截取需要替换的视频部分，点击右下角的"确定"按钮，即可完成替换，如图3-12和图3-13所示。

图3-12　　　　　　　　　　图3-13

3.2.2　分割工具：一分为二很简单

在快影中分割素材的方法很简单。首先将时间线定位到需要进行分割的时间点，如图3-14所示。

图3-14

接着选中需要进行分割的素材，在底部工具栏中点击"分割"按钮⬚，即可将选中的素材按时间线所在位置一分为二，如图3-15所示。

图3-15

3.2.3　变速工具：加快/减慢视频

在制作短视频时，经常需要对素材片段进行一些变速处理，例如使用一些快节奏音乐搭配快速镜头，可以使视频变得更动感，让观众情不自禁地跟随画面和音乐摇摆；而使用慢速镜头搭配节奏轻缓的音乐，则可以使视频的节奏变得舒缓，让人心情放松。

在快影中，视频素材的播放速度是可以进行自由调节的，通过调节可以将视频片段的速度加快或变慢。在轨道区域选中一段正常播速的视频片段（此时素材片段的时长为34s），然后在底部工具栏中点击"变速"按钮⬚，如图3-16所示。此时可以看到底部工具栏中的变速选项栏。一般情况下，视频素材的原始倍速为1×，拖动变速按钮可以调整视频的播放速度。当数值大于1×时，视频的播放速度将变快；当数值小于1×时，视频的播放速度将变慢。完成变速调整后，点击右下角的⬚按钮即可实现视频变速，如图3-17所示。

图3-16 图3-17

对视频进行变速处理后，素材的长度也会发生相应的变化。简单来说，就是当倍速增加时，视频的播放速度会变快，素材的持续时间会变短；当倍速减小时，视频的播放速度会变慢，素材的持续时间会变长。如图3-18所示，为设置了3倍速的视频（此时素材片段的时长为12s）。

3.2.4 旋转工具：调整视频画面

要想在不改变画面大小的情况下进行旋转操作，可在轨道区域选中素材，然后点击底部工具栏中的"编辑"按钮，如图3-19所示。接着在编辑选项栏中点击"旋转"按钮，可以对画面进行顺时针旋转，且不会改变画面大小，如图3-20所示。

图3-18

图3-19

图3-20

3.2.5　画中画工具：二次添加素材

"画中画"，顾名思义就是使画面中再次出现一个画面。通过"画中画"功能，不仅能使两个画面同步播放，还能通过该功能实现简单的画面合成操作。

"画中画"功能可以让不同的素材出现在同一个画面，通过此功能可以制作出很多创意视频，例如，让一个人分饰两角，或是营造"隔空"对唱、聊天的场景效果。在平时观看视频时，读者可能会看到有些视频将画面分为几个区域，或者划出一些不太规则的地方来播放其他视频。这在一些教学分析、游戏讲解类视频中非常常见。接下来具体介绍在快影中使用画中画的具体步骤。

01〉打开快影，在主界面点击"拍摄"按钮，进入素材添加界面。将素材添加至剪辑页面中，在未选中素材的情况下，点击"画中画"按钮🔲，如图3-21所示。

02〉 进入素材添加界面，选择需要添加的视频素材，即可将其添加至剪辑项目，如图3-22所示。

图3-21 图3-22

03〉 在轨道区域选中新增的素材，对其进行移动和缩放等操作，将其调整到合适的位置，即可完成画中画操作，如图3-23和图3-24所示。

图3-23 图3-24

3.2.6　动画工具：活跃视频画面

动画是许多短视频编辑类软件中都具备的一个基础功能。为视频添加动画后，会使视频效果更加丰富，并活跃视频的效果。接下来具体介绍在快影中添加动画的具体步骤。

01〉 打开快影，在主界面点击"拍摄"按钮，进入素材添加界面，将素材添加至剪辑页面中，在未选中素材的情况下，点击"动画"按钮，如图3-25所示。

02〉 打开动画选项栏后，在"入场动画"效果中点击"晃入"选项，如图3-26所示。完成操作后，点击选项栏右上角的☑️按钮，此时选择的特效自动添加到了轨道区域中。

 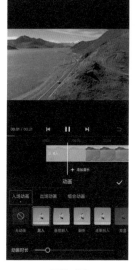

图3-25　　　　　　　　　　图3-26

在快影中，除了"入场动画"外，还有出场动画和组合动画，可以根据视频的风格选择适宜的动画效果，其效果如图3-27和图3-28所示。

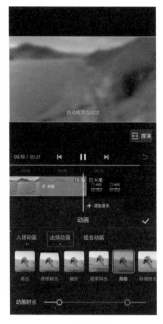
图3-27

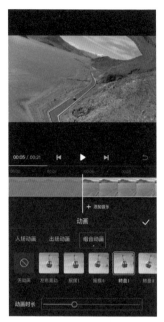
图3-28

3.2.7 画面定格工具：固定时间帧率

通过快影中"画面定格"功能，可以将一段视频素材中的某一帧画面提取出来，并使其成为一段可以单独进行处理的图像素材。

01〉 打开快影，在主界面点击"拍摄"按钮，进入素材添加界面，将素材添加至剪辑页面中，将时间轴调整至需要定格的地方，点击"画面定格"按钮，如图3-29所示。

02〉 进入视频编辑界面后，点击▶按钮预览素材效果，即可看到使用画面定格工具制作的固定画面，如图3-30所示。

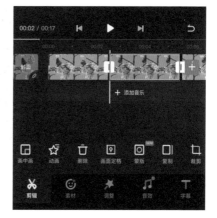

图3-29　　　　　　　　　　　　图3-30

3.2.8　倒放工具：画面的倒放效果

在快手观看一些视频时，经常看到一些具有魔术效果的视频。其实原理很简单，那些神奇的视频效果就是通过倒放工具制作出来的。接下来将介绍快影中的倒放工具。

01〉打开快影，在主界面点击"拍摄"按钮，进入素材添加界面。将素材添加至剪辑页面中，在未选中素材的情况下，点击"倒放"按钮，如图3-31所示。

02〉进入视频编辑器后，点击▶按钮预览素材效果，即可看到视频以倒放的形式进行播放，如图3-32所示。

图3-31　　　　图3-32

3.3　添加音效：渲染画面氛围

　　音乐在一段视频中既能够烘托视频主题，又能渲染观众情绪，是视频不可分割的一部分。快影为用户提供了较为完备的音频处理功能，支持用户在剪辑项目中对音频素材进行音量调整、音频淡化处理、复制音频、删除音频和降噪处理等。

3.3.1　音乐提取：提高编辑效率

　　快影支持用户对本地相册中拍摄和存储的视频进行音乐提取操作，简单来说，就是将其他视频中的音乐提取出来并单独应用到剪辑项目中。提取视频音乐的方法也非常简单，具体如下。

01〉将素材添加至剪辑页面后，在未选中素材的情况下，点击"添加音乐"按钮，如图3-33所示。

02 在添加音乐页面点击"本地"栏中的"视频提取声音"按钮，如图3-34所示，即可选择需要提取声音的视频。

图3-33 图3-34

03 在提取视频声音页面，点击"提取音频"按钮，即可完成音乐的提取，如图3-35和图3-36所示。

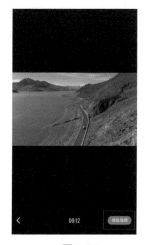 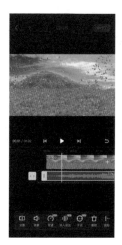

图3-35 图3-36

3.3.2　快手收藏：巧加热门音乐

作为一款与快手直接关联的短视频剪辑软件，快影支持用户在剪辑项目中添加快手中的音乐。在进行该操作前，需在快影主界面中切换至"我的"选项栏，登录自己的快手账号。通过这一操作，快影就与快手建立了账户连接，之后用户在快手中收藏的音乐就可以直接在快影的"快手收藏"中找到并进行调用，具体步骤如下。

01 将素材添加至剪辑页面后，在未选中素材的情况下，点击"快手收藏"按钮，如图3-37所示。

02 进入添加音乐的页面后，在"快手收藏"栏选择需要添加的音乐后，点击"使用此音乐"按钮，如图3-38所示。

03 返回编辑页面，即可看到音乐已添加至轨道区，如图3-39所示。

图3-37　　　　　　图3-38　　　　　　图3-39

3.3.3　智能配音：丰富视听层次

通过快影中的"智能配音"功能，用户可以实时在剪辑项目中完成旁白的录制和编辑工作。在使用快影录制旁白前，最好连接上耳麦，有条件的话可以配备专业的录制设备，能有效地提升声音质量。具体步骤如下。

01〉在剪辑项目中开始录音前，先在轨道区域中将时间线定位至音频开始的时间点，然后在未选中素材状态下，点击底部工具栏中的"智能配音"按钮，如图3-40所示。

02〉在"添加智能配音"页面输入想要添加的文字内容，如图3-41所示。

图3-40　　　　　　　　　　图3-41

03〉完成文字内容输入后，可以选择喜欢的"发音人"类型，随后点击"生成配音"按钮，如图3-42所示。

04〉返回编辑页面，即可看到配音已添加至轨道区域，如图3-43所示。

图3-42 　　　　　　　　　　 图3-43

3.3.4　录音变声：真人声音运用

通过快影中的"录音"功能，用户可以实时在剪辑项目中完成旁白的录制和编辑工作。在使用快影录制旁白前，最好连接上耳麦，有条件的话可以配备专业的录制设备，能有效地提升声音质量。具体步骤如下。

01〉 在剪辑项目中开始录音前，先在轨道区域中将时间线定位至音频开始的时间点，然后在未选中素材状态下，点击底部工具栏中的"配音"按钮，如图3-44所示。

02〉 进入录音页面，长按"录音"按钮🎤，即可完成录音，如图3-45所示。

图3-44　　　　　　　　　　图3-45

03〉 点击图3-45中的"变声"按钮，可选择适合的变声效果，完成操作后点击☑按钮，如图3-46所示。

04〉 返回编辑页面，即可看到配音已添加至轨道区域，如图3-47所示。

图3-46　　　　　　　　　　图3-47

3.3.5　文字转语音：方便快捷高效

本实例主要讲解使用文字转语音制作视频。这里所讲解的效果视频，需用到文本朗读工具，这个工具可以将输入的文本轻松转换成语音，达到朗读的视频效果，如图3-48所示。

图3-48

具体步骤如下。

01〉打开快影，导入四段视频素材，如图3-49所示。

02〉点击底部工具栏的"音乐"按钮 ♩，在音乐库中选择一段自己喜欢的音乐，将它添加到剪辑项目中，音乐时长与主轨视频时长保持一致，如图3-50所示。

图3-49

图3-50

03〉点击第一段视频素材与第二段视频素材连接处的"转场"按钮 ⊡，

应用"专业"中的"关闭2"效果，如图3-51所示。

04 点击第二段视频素材与第三段视频素材连接处的"转场"按钮，
应用"专业"中的"旋转3"效果，如图3-52所示。

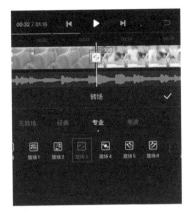

图3-51

图3-52

05 点击第三段视频素材与第四段视频素材连接处的"转场"按钮
，应用"经典"中的"叠化"效果，如图3-53所示。

06 在选中音频素材的状态下，点击底部工具栏的"淡化"按钮，
将淡出时长设置为2s，使音乐结束时听起来更舒服一些，如图3-54
所示。

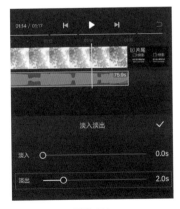

图3-53

图3-54

07〉 点击底部工具栏"字幕"中的"加字幕"按钮 📰，继续点击"新建文本"按钮 📝，输入"一本书就像一艘船"，选择自己喜欢的样式，将文本框移动至画面右下角，如图3-55所示。

08〉 点击"动画"按钮，应用"入场动画"中的"羽毛写字"效果，将时长设置为2s，点击"确认"按钮 ✅，如图3-56所示。

图3-55   图3-56

09〉 在选中文本素材的状态下，点击底部工具栏的"智能配音"按钮 🔊，如图3-57所示。

10〉 在"添加智能配音"页面中选择"童真"发音人，并点击"生成配音"按钮，等待片刻即可完成配音，如图3-58所示。

11〉 返回到底部工具栏第一级，继续输入文本"带领我们从狭隘的地方"，选择自己喜欢的样式，点击"动画"按钮，应用"循环动画"中的"心动"效果，将时长设置为2s，如图3-59所示。

12〉 重复步骤（9）的操作，为字幕添加智能配音。

13〉 点击底部工具栏的"文本"按钮 🔤，输入"驶向生活的无线广阔的海洋"，选择自己喜欢的样式，这里不需要添加动画，如图3-60所示。

图3-57　　　　　　　　　　　　图3-58

图3-59　　　　　　　　　　　　图3-60

14〉 重复步骤（9）的操作，为字幕添加智能配音。

15〉 在选中第四段视频素材的状态下，点击工具栏的"动画"按钮，应用"出场动画"中的"渐隐"效果，将时长设置为2 s，如图3-61所示。

16〉 在没有选中任何素材的状态下，点击工具栏的"特效"按钮，应用"普通摄像机"效果，如图3-62所示。

17〉 将"普通摄像机"效果的持续时间延长至与主轨视频时长一致，操作完成后，把视频导出到手机相册。

图3-61   图3-62

3.4 添加字幕：吸引观众目光

在影视作品中，字幕是语音内容以文字方式显示。不管是电视剧、电影还是短视频都有字幕。那么在短视频中添加字幕有什么作用呢？观看视频的行为是一个被动接受信息的过程，多数时候观众很难集中注意力，此时就需要用字幕来帮助观众更好地理解和接受视频内容，同时还能帮助一些听力较弱的观众理解视频内容。

在电商类短视频中，添加字幕能够很好地吸引观众的目光，从而引导观众发现商品的价值。从某种程度上来说，人们对字幕的关注远高于视频画面，添加字幕可以帮助用户更好地接受短视频的内容。本节将介绍一些短视频字幕添加与处理的方法。

3.4.1 类型：不同字幕不同效果

一般来说，根据字幕的应用方式，可以将字幕分为硬字幕、软字幕和外挂字幕3类。不同类型的字幕有不同的适用情况和特点，下面分别进行介绍。

❶ 硬字幕

硬字幕指的是将字幕覆盖在视频画面上。因为这种字幕与视频画面融于一体，所以具有最佳的兼容性，只要能够播放视频，就能显示字幕。对于现阶段的智能手机而言，只支持这类型的字幕。各个平台上浏览的短视频上的字幕也都属于硬字幕。

硬字幕的不足之处是字幕会占据视频画面，在一定程度上破坏了视频内容，并且在视频输出后，无法对成片中的字幕进行撤销或更改。针对这一情况，只能在保留视频工程文件的情况下，才能对文字内容进行调整和修改。

❷ 软字幕

软字幕是指通过某种方式将外挂字幕与视频打包在一起，在下载和复制时只需要复制一个文件即可，如DVD中的VOB文件，高清视频封装格式MKV、TS、AVI等。这种类型的文件一般可以同时封装多种字幕文件，播放时通过播放器选择所需字幕，非常方便。在需要的时候，还可以将字幕分离出来进行编辑、修改或替换。

❸ 外挂字幕

外挂字幕是将字幕单独做成一个文件，而且字幕文件有多种格式。这类字幕的优点是不会破坏视频画面，可随时根据需要更换字幕语言，并且可以编辑字幕的内容。缺点是播放较为复杂，需要相应的字幕播放工具支持。

3.4.2　方法：字幕位置有技巧

本节继续深入讲解添加短视频字幕的一些技巧和常规操作，帮助大家更好地掌握短视频字幕的制作方法。

1 添加字幕注意事项

在快手发布作品，需要注意的是：添加的字幕必须避开界面上的一些区域，尽量不要遮挡人脸、头部等主体对象，如图3-63和图3-64所示。如果是拍摄人物全身视频，注意不要将字幕添加在人物小腿部位，以免破坏人物身材比例，影响视频效果，可以选择将字幕添加到人物的大腿上部，或者上半身位置。

图3-63

图3-64

如果主体对象在画面中占据比例较大，可以考虑在不完全遮挡对象的情况下为文字添加背景，使字幕更加显眼。

❷ 添加字幕素材

现在的短视频类App基本上提供了字幕添加功能，通过在编辑界面中点击文字按钮，即可在画面中生成一个默认字幕。在快影中，如果需要在剪映中为视频片段添加文字和音频素材，可以通过点击下方功能列表中的"字幕"按钮 **T** 打开功能列表，来创建文本素材层，如图3-65所示。

在添加了背景素材的前提下，将时间线拖动至想要添加素材的时间点位置，然后在下方的功能列表中点击"加字幕"按钮，即可进入文本编辑界面，如图3-66所示。在文本编辑界面中，可以看到与文本设置相关的各项功能按钮，例如字体的样式、花字、气泡、动画等，在画面中会出现默认文本，如图3-67所示。

在输入框中，可以进行文字内容的编辑和修改。调整好文本内容后，拖动画面中的文本素材，即可调整其摆放位置，如图3-68所示。

图3-65

图3-66

图3-67

图3-68

3.4.3　效果：添加效果更生动

掌握制作字幕的具体操作步骤后，还可以通过"字体"功能列表中的其他功能按钮，对文字进行更多的编辑操作，使效果更生动。文字编辑界面中各功能按钮的介绍如下。

- "分割"按钮**Ⅱ**：将时间线拖动至需要进行拆分的位置，点击该按钮即可将文本素材从当前时间点位置一分为二，如图3-69所示。当时间线位于素材开始或结束位置时，该功能按钮不可用。
- "复制"按钮**回**：点击该按钮，可将当前选中的文本素材复制。新复制的素材同样可以进行编辑，如图3-70所示。
- "样式"按钮**Aa**：点击该按钮，可展开字体样式的列表，在其中可以选择快影提供的任意字体应用到文字素材中，如图3-71所示。

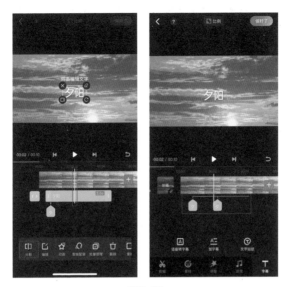

图3-69

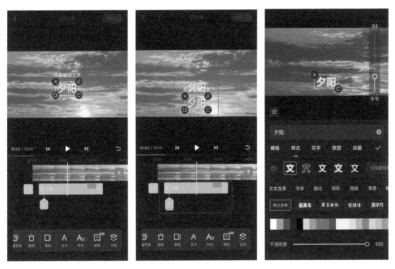

图3-70　　　　　　　　　　　　图3-71

● "智能配音"按钮：点击该按钮，会识别文本内容，成功之后点击播放预览视频时会朗读文字。

- "删除"按钮🗑：点击该按钮，可将当前选中的文字素材删除。
- "花字"按钮：用于为文字添加特殊外形效果，如图3-72所示。

图3-72

- "气泡"按钮🔲：除了花字效果，剪映中还有气泡效果。点击该按钮，可在展开的列表中选择任意一种气泡应用到文字中，如图3-73所示。

图3-73

- "动画"按钮◎：在展开的列表中可以设置文字"入场""出场""循环"的动画效果。

3.4.4 转字幕：快速生产字幕

在使用手机制作解说、谈话、情感类的短视频时，经常会有大段的念白，在后期视频处理时需要为每句话添加上相应的字幕。在传统的后期制作里，字幕制作需要创作者反复试听视频语音，然后根据语音卡准时间点将文字输上去，这样的做法势必会花费比较多的时间。

由于短视频要求一定的时效性。在后期视频的处理过程中，可以尝试一些便捷高效的字幕转化手法，来有效地节省不必要的时间投入。在快影中可以通过"语音转字幕"功能实现。操作的方法也很简单，具体如下。

打开快影，在主界面点击"拍摄"按钮，进入素材添加界面，将素材添加至剪辑页面中。在未选中素材的情况下，点击"字幕"页面的"语音转字幕"按钮，即可选择语音转字幕的来源，如图3-74和图3-75所示。

图3-74

图3-75

在"选择语音转字幕来源"界面中，有"视频原声""音乐""录音"3个选项，视频原声即会自动生成为字幕。

在剪辑项目中添加中文背景音乐后，通过"音乐"功能，可以对音乐进行自动识别，并生成相应的字幕素材。对于想要制作音乐MV短片效果的创作者来说，这是一项非常省时省力的功能。具体操作方法也十分简单。在剪辑项目中完成背景视频素材的添加和处理后，将时间线定位至需要添加背景音乐的时间点，然后在"选择语音转字幕来源"页面中选择"音乐"功能，随后点击"开始识别"按钮，如图3-76所示。

等待片刻，待识别完成后，在轨道区域中自动生成多段文字素材，并且生成的字幕素材将自动匹配相应的时间点，如图3-77所示。

图3-76　　　　　　　　图3-77

　　利用录音转字幕也很简单。在剪辑项目中完成背景视频素材的添加和处理后，将时间线定位至需要添加背景音乐的时间点，然后在"选择语音转字幕来源"页面中选择"录音"功能，随后点击"开始识别"按钮，即可完成转换，如图3-78和图3-79所示。

图3-78　　　　　　　　图3-79

3.4.5　电影字幕：电影感字幕视频

电影作为一门综合性艺术，如今已经成为一种很普遍的大众娱乐方式。在短视频中添加电影感字幕，能为视频制造意境，渲染主题，因此深受广大用户的喜爱。本案例所讲解的效果视频，以一段少女街拍视频为基础，通过添加字幕和特效，制作出电影感字幕视频，如图3-80所示。

具体操作如下。

图3-80

01〉打开快影，导入一段时长30s左右的视频素材。

02〉点击"音效"按钮🎵和"音乐"按钮🎶，如图3-81所示。在感伤类别中选择歌曲，点击"使用此音乐"按钮，如图3-82所示。

图3-81

图3-82

03〉将其添加至剪辑项目后，点击"音量"按钮🔊，把音量设置为50，如图3-83所示。点击"比例"按钮▣，将视频比例设置为9：16，如

图3-84所示。

图3-83　　　　　　　　　　　图3-84

04 返回到底部工具栏第一级，在"字幕"栏中点击"加字幕"按钮，如图3-85所示。输入"有人住高楼，有人在深沟"，并选择字体样式为"汉标拼音"，点击"确认"按钮✔，如图3-86所示。

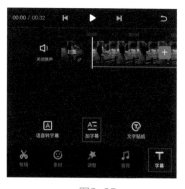

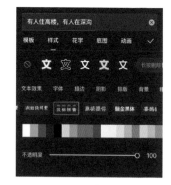

图3-85　　　　　　　　　　　图3-86

05 选中文字素材，在预览区域使用双指缩放文字，并将文字移动至主轨视频的正下方，如图3-87所示。

06 选中文字素材，点击"复制"按钮🗐，将复制的素材移动至下

一条文字出现的位置。双击素材可直接修改文字。使用复制的方法可
以在节约时间的同时保证每一条字幕的位置和时长都是一样的，如
图3-88所示。

| 图3-87 | 图3-88 |

07〉　返回到底部工具栏第一级，在"调整"栏中点击"特效"按钮☆，
应用"边框"中的"普通摄像机"效果，点击"确认"按钮☑，如
图3-89和图3-90所示。

| 图3-89 | 图3-90 |

08 再次点击"特效"按钮☆，应用"复古"中的"90s"效果，点击"确认"按钮☑，如图3-91所示。

图3-91

09 在"调整"页面点击"调节"按钮⬚，将"曝光"设置为12，"色调"设置为9，完成后点击"确认"按钮☑，如图3-92所示。

图3-92

10 返回到底部工具栏第一级，点击主轨视频素材后的"添加"按钮＋，将发光背景素材添加至剪辑项目中，如图3-93所示。

11 点击主轨视频素材与发光背景素材连接处的"转场"按钮|⊦，应

用"基础转场"中的"叠黑"效果，点击"确认"按钮✅，如图3-94
所示。

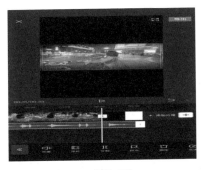

图3-93 图3-94

12〉返回到底部工具栏第一级，点击"文本"按钮**T**和"新建文本"
按钮**A₊**，输入"怦然心动"，字体样式根据自己的喜好设置，如
图3-95所示。

图3-95

13 点击"动画"按钮 ▶，应用"入场动画"中的"3D甩尾"效果和出场动画中的"放大"效果，时长均设置为1.0s，点击"确认"按钮 ✔，如图3-96所示。

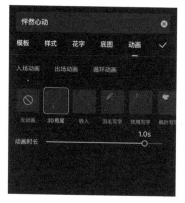

图3-96

14 完成后，点击"贴纸"按钮 ⊙，找到爱心贴纸，点击"确认"按钮 ✔，如图3-97所示。

15 在预览区域使用双指放大文字素材，将文字放置在画面中心处，再将爱心贴纸移动至文字的右下方，如图3-98所示。操作完成后，把视频导出到手机相册。

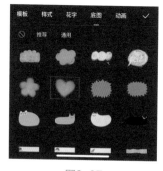

图3-97

图3-98

∷∷∷∷∷∷∷∷∷∷

3.5　背景：视频的背景很重要

在进行视频编辑时，若素材画面没有铺满画布，会对视频观感造成影响。在快影中，用户可以通过"比例"功能来添加彩色、模糊或自定义图案画布，以达到丰富画面效果的目的。

3.5.1　画面比例：满足多种观看需求

在快影中，用户可以设置视频的画面比例。快手常用的尺寸是9：16，西瓜视频是16：9，还有一些常见的比例，如"1：1""4：3""3：4"等。正确的比例能够提升视频的质量，增强画面的美观程度。

在快影中添加一段视频素材，在素材未选中状态下，点击底部工具栏中的"比例"按钮 ◾️，即可看到多种比例选项。点击选择"9：16"尺寸，画面上下部分会变得模糊，如图3-99所示。

图3-99

3.5.2 背景画布：视频背景也很重要

在进行视频编辑时，若素材画面没有铺满画布，会对视频观感造成影响。在快影中，用户可以通过"背景"功能来添加彩色、模糊或自定义图案画布，以达到丰富画面效果的目的。

❶ 添加彩色画布背景

在剪辑项目中添加一个横画幅图像素材。在素材未选中状态下，点击底部工具栏中的"比例"按钮■，打开比例选项栏，选择9∶16选项，如图3-100所示。

由于画布比例发生改变，素材画面出现了未铺满画布的情况，上下均变得模糊，这其实非常影响观感。若此时在预览区域将素材画面放大，使其铺满画布，则会造成画面内容的缺失，如图3-101所示。

图3-100　　　　　　　　　　　　　　　图3-101

在不丢失画面内容的情况下要使画布被铺满，可进行如下操作：在未选中素材状态下，点击底部工具栏中的"背景"按钮▥，如图3-102所示。

打开背景选项栏，点击"画布样式"按钮，接着，在打开的选项栏中点击任意颜色，即可应用到画布，如图3-103所示，完成操作后点击右下角的按钮即可。

图3-102

图3-103

2 应用画布样式

在快影中，用户除了为素材设置纯色画布，还可以应用画布样式营造个性化视频效果。应用画布样式的方法很简单。在未选中素材状态下，点击底部工具栏中的"背景"按钮，如图3-104所示。接着打开背景选项栏，点击"画布样式"按钮，如图3-105所示。

图3-104

图3-105

在打开的"画布样式"选项栏中点击任意一种样式，即可应用到画布，如图3-106所示。

图3-106

若用户对快影内置的画布样式效果不满意，可在"背景"选项栏中选择"模糊"选项，然后选择"自定义"选项，在打开的相册列表中选择所需图像应用到项目。

3.5.3 视频设置：高清上传保证清晰度

为了更好地展开视频编辑工作，在剪辑前大家可以先熟悉一下快影的各项剪辑参数设置，以保证视频画质清晰。

打开快影，添加视频素材进入到视频编辑界面，点击分辨率中的"1080p"按钮，进入设置界面，在其中可以对输出视频的分辨率进行选择，包括1080p（超清）、720p（高清）、540p（标清）三种主流分辨率，如图3-107所示。

图3-107

> **拓展讲解：** 分辨率越高，拍摄出来的视频质量就越好，但是占用的内存也会越大。以主流的1080P超清视频为例，拍摄一个1min的短视频所需空间最少为100MB，如果拍摄2K或者4K视频，所需的空间就会更大。而在实际拍摄中，要达到预想的创意或效果，一般会拍摄多遍或多段素材，所以手机务必要预留一定的存储空间，以确保拍摄工作能正常进行。

3.5.4　电影比例：16：9横版视频更好看

本案例主要讲解制作电影比例16：9横版视频。下面以3个视频片段为基础，结合转场、特效、字幕、音乐等，制作出电影比例16：9横版的视频效果，如图3-108所示。

图3-108

具体操作步骤如下。

01〉 打开快影,导入3个视频素材,如图3-109所示。

02〉 点击"比例"按钮▣,设置视频比例为16∶9,如图3-110所示。

图3-109

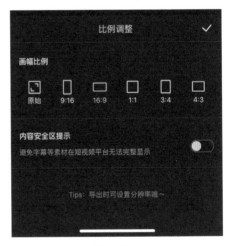

图3-110

03〉 点击"返回"按钮◀,分别长按3个视频素素材尾部的▮,向左拖动,调整视频的长度并截取需要保留的视频片段,如图3-111所示。

04〉 点击"转场"按钮▯,使用"经典"中的"放大"效果,点击"确认"按钮✓,如图3-112所示。

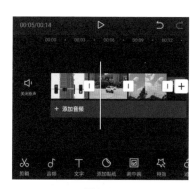

图3-111

图3-112

05〉 返回到底部工具栏第一级，在"调整"栏中点击"特效"按钮 ⚡，应用"基础"特效中的"变清晰"效果，点击"确认"按钮 ✓，如图3-113所示。

06〉 点击"返回"按钮 ⟨，在轨道区域，调整特效素材的长度和位置，并按照步骤05的方法，再依次添加"金粉""竖向三两屏""幻影"特效素材，如图3-114所示，之后调整长度和位置。

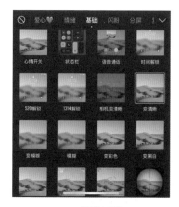

图3-113

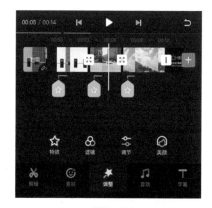

图3-114

07〉 操作完成后，返回到工具栏第一级，在字幕栏中点击"加字幕"按钮 📝，在输入框中输入"生活不需要比别人好"。分别设置好样式和入场动画效果,点击"确认"按钮☑,如图3-115所示。

图3-115

08〉在选择文本素材的状态下,调整预览区域中文本字幕的大小和位置,如图3-116所示。

09〉点击"复制"按钮▣,点击文本素材右上方的"编辑"按钮▣,在输入框中修改文本为"但一定",并在轨道区域调整该文本素材的位置,如图3-117所示。

图3-116　　　　　　　　　图3-117

10〉 按照步骤09的方法，依次添加文本素材"要比以前过得好""希望你""一直在越来越好的路上"。

11〉 操作完成后，选择第一个文本素材，点击"智能配音"按钮 🎙️，如图3-118所示。按此方法完成所有文本的文本朗读，如图3-119所示。

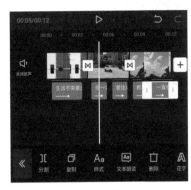

图3-118　　　　　　　　　　　　图3-119

12〉 返回到工具栏第一级，点击"关闭原声"按钮 🔊，如图3-120所示。

13〉 在音效页面中点击"音乐"按钮 🎵，在列表中选择想要使用的音乐素材，点击"使用此音乐"按钮，如图3-121所示。

图3-120　　　　　　　　　　　　图3-121

14〉 在轨道区域按住"音乐"素材向前移动并按住素材尾部的 ▨，向左拖动，使"音乐"素材的两端与视频素材对齐，如图3-122所示。

15〉 分别选中文本朗读音频素材，点击"音量"按钮📢，向右拖动滑块，把音量设置为200，点击"确认"按钮✅，如图3-123所示。

图3-122 图3-123

16〉 选择音乐素材，点击"淡入淡出"按钮◫，向右拖动滑块，把"淡出时长"设置为0.8s，点击"确认"按钮✅，如图3-124所示。

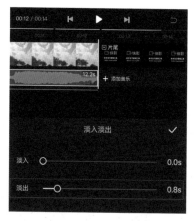

图3-124

17〉 完成上述操作后，导出视频到手机相册。

> **拓展讲解**：横版视频一般适用于大的场景画面或背景，更适合在大银幕上呈现，如电影幕布、电视机等常用横版。

快影特效剪辑：
添加特效反差有多大

第4章

学习了快影软件的基础剪辑之后，接下来需要给单调的视频加上各种各样的动态效果或者加一些新奇的特效背景，给平淡的视频添加特色，提升吸引观众眼球的魅力值。快手平台上的视频种类非常多，如果仔细观察，可以发现添加特效后的视频与未添加特效的视频具有非常大的反差。相对而言，特效视频占的比例更大，这类视频也深受观众的喜爱。

4.1 添加转场：镜头过渡切换

转场一般应用于相邻素材片段之间，主要实现镜头之间的过渡和切换。它既标志着一段视频的结束，也标志着另一段视频的开始。对于新手创作者来说，由于后期处理能力不足，所以在视频拍摄过程中充分利用周围现有的资源，也可以做出很多创意效果。

4.1.1 转场应用：让视频更有动感

在短视频的后期编辑处理工作中，除了需要富有感染力的音乐外，各个剪辑点的转场效果也发挥着至关重要的作用。在两个片段之间插入转场，如叠化、翻页、电波等，可以使视频的衔接更加自然、有趣，可制作出令人赏心悦目的过渡效果，大大增加视频作品的艺术感染力。此外，视频转场的应用还能在一定程度上体现创作者的作品思路，使视频作品不至于太生硬。

下面以图4-1和图4-2为例，分别为大家介绍快影视频编辑软件中经典、专业、电波三类转场特效。

图4-1

图4-2

❶ 经典特效，以左划变▦和震荡〰为例

左划变特效是第一个场景逐渐向右滑动，逐渐遮盖住第二个场景的效果。这种转场特效过程中画面稳定、清晰，如图4-3所示。

震荡特效是第一个场景通过强烈的震动动态，逐渐过渡到第二个场景的效果，这种转场特效过程中画面会出现重影和模糊的效果，给人以眩晕的视觉体验，如图4-4所示。

　　　　图4-3　　　　　　　　　　　　图4-4

❷ 专业特效，以关闭1▦和旋场3▦为例

关闭1特效是第二个场景分别从左右两边逐渐向中间关闭并逐渐清晰，直至第一个场景的画面消失。这种转场特效过程中第二个场景画面模糊，第一个场景画面上下会出现黑框，如图4-5所示。

旋场3特效是第一个场景向左下方按逆时针方向旋转，第二个场景按照相同的方向旋转自然切换，并逐渐稳定的效果，如图4-6所示。

　　　　图4-5　　　　　　　　　　　　图4-6

❸ 电波特效，以电波3▦和电波8▦为例。

电波3特效是第一个场景以晃动、错落、条形黑块的形式运动，第二个场景以错位的形式闪动，并逐渐稳定的效果，如图4-7所示。

电波8特效是第一个场景以向下滚动并呈现横向条形电波的形式逐渐过渡到第二个场景，如图4-8所示。

图4-7

图4-8

上述的几种转场特效是快影视频编辑软件中具有代表性的转场效果。除此以外，还有很多同类型的转场特效，如右划变、眩晕、马赛克、放大、翻页1、打开2等，用户在剪辑过程中可以根据实际需求下载使用。

4.1.2 闪白转场：制作少女变美视频

闪白转场是第一个场景逐渐变白到白色场景，然后从白色场景逐渐变清晰到第二个场景的效果。本案例主要讲解使用闪白转场制作少女变美视频。以一段少女自拍视频为基础，通过画面定格功能，为定格图片添加"清澈"滤镜、"磨皮"美颜和"光照"特效，使定格图片与视频造成反差效果。再运用卡点音乐、"相机快门"特效以及"快门2"音效和"闪白"转场，让视频和图片更好地衔接起来，制作出少女变美效果视频，如图4-9所示。

图4-9

❶ 编辑原始视频素材

制作闪白转场需先编辑原始的视频素材，具体步骤如下。

01〉打开快影，导入"少女自拍.mp4"视频素材。进入视频剪辑界面后，移动时间线至视频的第5s处，点击"画面定格"按钮，然后选中定格图片，调整时长为8.8s，如图4-10和图4-11所示。

图4-10　　　　　　　　　图4-11

02〉选中定格照片后面的视频，点击"删除"按钮，如图4-12所示。

03〉返回编辑页面，可看到当前视频时长为16s，如图4-13所示。

图4-12　　　　　　　　　图4-13

❷ 添加并编辑音乐素材

对原始素材进行初步处理后，接下来为视频添加并编辑音乐素材，具体步骤如下。

01〉移动时间线至视频起始处，在音效页面点击"音乐"按钮，如图4-14所示。

02〉在"收藏"栏中选择"Can We Kiss Forever"音乐，点击"使用此音乐"按钮，如图4-15所示。

图4-14 图4-15

03〉选中音乐素材，点击"卡点"按钮，在第4s处的位置，点击"添加点"按钮，然后点击"确认"按钮✓，如图4-16和图4-17所示。

04〉选中音乐素材，向左拖动音乐素材尾部的▯至合适位置，然后按住音乐素材首部左边的"移动"按钮，向右移动音乐素材，使卡点处移动至视频与定格照片之间；接着向右拖动音乐素材尾部的▯至定格图片的尾部，如图4-18所示。

05〉选中第一段视频，向右拖动视频素材首部的▯至音乐素材的首部靠前一点，如图4-19所示。

图4-16　　　　　　　　　　图4-17

图4-18　　　　　　　　　　图4-19

❸ 添加并编辑特效素材

接下来介绍添加并编辑素材的步骤。

01› 移动时间线至视频起始处，在"调整"栏点击"特效"按钮✿，选择"边框"分类里的"相机快门"效果，点击"确认"按钮☑，如图4-20和图4-21所示。

图4-20　　　　　　　　　图4-21

02› 选中"相机快门"特效素材，拖动素材首部左边的"移动"按钮▮，移动至特效素材尾部的▯对齐第一段视频尾部，如图4-22所示。

03› 移动时间线至定格图片起始处，在"调整"页面点击"特效"按钮，选择"装饰"分类里的"光照"效果，如图4-23所示。

04› 选中"光照"特效素材，拖动素材尾部的▯至定格图片尾部，如图4-24所示。

05› 点击视频素材与图片素材中间的"转场"按钮▯，选择"闪白"效果，点击"确认"按钮☑，如图4-25所示。

图4-22

图4-23

图4-24

图4-25

06〉 移动时间线至定格图片任意位置，在"调整"页面点击"滤镜"按钮，取消勾选"应用到全部片段"复选框。选择"人像"分类里的"清澈"效果，将下方的清澈效果拉满，点击"确认"按钮☑，如图4-26所示。

07〉 移动时间线至定格图片任意位置，在"调整"页面点击"美颜"按钮◎，取消勾选"应用到全部片段"复选框。点击"磨皮"按钮，默认强度为45，点击"确认"按钮☑，如图4-27所示。

图4-26　　　　　　　　图4-27

④ 添加并编辑音效素材

最后，还需为视频添加音效素材，具体步骤如下。

01〉 移动时间线至视频起始处，在"音效"页面点击"音效"按钮，选择"机械"分类里的"快门2"音效，点击"确认"按钮☑，如图4-28所示。

02〉 选中"快门2"音效素材，按住音效素材首部左边的"移动"按钮▌，向右移动音效素材，使音效素材中间对齐音乐素材的卡点处，如图4-29所示。操作完成后，把视频导出至手机相册即可。

图4-28 　　　　　　　　　　 图4-29

4.2 添加素材：装饰美化视频

为视频添加素材不仅能够美化视频，还可以让视频具有独特的风格。前面已经讲解了短视频的基本剪辑、转场添加和音频设置等操作，通过这些操作基本可以完成一个比较完整的短视频作品了。在此基础上，如果想让自己的作品更加引人注目，不妨尝试在画面中添加一些贴纸和特效动画等装饰元素。在增加视频完整性的同时，还能为视频增添不少趣味性。

快影中的贴纸类别大致分为三类，分别是普通贴纸、导入贴纸和魔法表情。下面分别讲解这些类别贴纸的具体应用。

4.2.1 普通贴纸：设计好玩剧情

在快影的剪辑项目中添加视频或图像素材后，在未选中素材的状态下，点击底部工具栏中的"素材"按钮。在打开的贴纸选项栏中可以看到几十种不同类别的动画贴纸，并且贴纸的内容还在不断更新，如图4-30和图4-31所示。

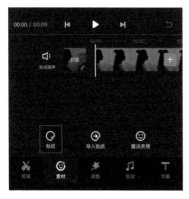
图4-30

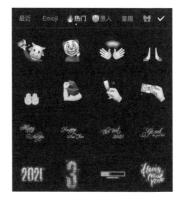
图4-31

普通贴纸特指贴纸选项栏中没有动态效果的贴纸素材，例如Emoji类别中的表情符号贴纸（见图4-32）。这里值得一提的是，在制作短视频时，若画面中出现了其他人物的面孔（或本人不方便出镜），不妨使用Emoji贴纸进行遮挡，画面效果会比添加马赛克更为美观和有趣，如图4-33所示。

将这类贴纸素材添加至剪辑项目后，虽然贴纸本身不会产生动态效果，但用户可以自行为贴纸素材设置动画。设置贴纸动画的方法非常简单。在轨道区域中选择贴纸素材，然后点击底部工具栏中的"动画"按钮。在打开的贴纸动画选项栏中为贴纸设置"入场动画""出场动画"和"循环动画"，并可以对动画效果的播放速率进行调整，如图4-34和图4-35所示。

图4-32

图4-33

图4-34

图4-35

值得注意的是，点击任意动画效果后，可在预览区域中对动画进行快速预览。在调整效果速率时，数值越大，动画播放效果越缓慢；数值越小，动画播放效果越快。

4.2.2　导入贴纸：创作专属贴纸

导入贴纸指的是导入自己喜欢的素材，通过添加自定义贴纸的方法，进一步满足用户的创作需求。添加自定义贴纸的方法很简单。在贴纸选项栏中，点击"导入贴纸"按钮，打开素材添加界面（相册），选取贴纸元素添加至剪辑项目，如图4-36所示。

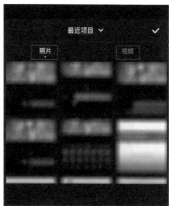

图4-36

4.2.3　魔法表情：增添视频趣味

魔法表情指贴纸选项栏中自带动态效果的贴纸素材，例如渐渐变美、新年水墨画、言情女主等。在贴纸选项栏中，点击"魔法表情"按钮，即可打开素材添加界面（相册），如图4-37和图4-38所示。相较于普通贴纸来说，魔法表情由于自带动画效果，因此具备更高的趣味性和动态感，对于丰富视频人像面部而言，是不错的特效选择。

图4-37 图4-38

::::::::::::::

4.3 后期调整：增色视频格调

快影为广大视频爱好者提供了丰富且酷炫的视频特效，能够轻松实现开幕、闭幕、模糊、纹理、炫光、分屏、下雨、浓雾等视觉效果。只要用户具备足够的创意和创作热情，灵活运用这些视频特效，可以分分钟打造出吸引人眼球的"爆款"短视频。

4.3.1 特效：增添视觉元素

在快影中添加视频特效的方法非常简单。在创建剪辑项目并添加视频素材后，将时间线定位至需要出现特效的时间点。在未选中素材的状态下，点击底部工具栏中的"调整"页面点击"特效"按钮 📷，即可进入特效选项栏，如图4-39和图4-40所示。

119

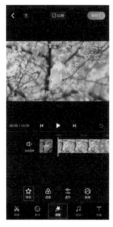

图4-39　　　　　　　　　图4-40

在特效选项栏中，通过滑动操作可以预览特效类别。默认情况下视频素材不具备特效效果，在特效选项栏中点击任意一种效果，可将其应用至视频素材。若不再需要特效效果，点击❸按钮即可取消特效的应用。

在特效栏中，用户可以选择动感、装饰、爱心、闪粉、基础、分屏特殊效果，只要使用得当，这类视频特效可以很好地帮助用户点缀视频，如图4-41所示。

图4-41

4.3.2 滤镜：平衡质感色调

滤镜是如今各大视频编辑App的必备"亮点"。通过为素材添加滤镜，不但可以很好地掩盖拍摄造成的缺陷，并且可以使画面更加生动、绚丽。快影为用户提供了数十种视频滤镜特效，合理运用这些滤镜效果，可以模拟各种艺术效果，并对素材进行美化，从而使视频作品更加引人注目。

在快影中，用户可以选择将滤镜应用到单个素材，也可以选择将滤镜作为独立的一段素材应用到某一段时间。下面分别进行讲解。

在轨道区域中，选择一段视频素材，然后点击底部工具栏中的"滤镜"按钮🔗，如图4-42所示。进入滤镜选项栏，在其中点击一款滤镜效果，即可将其应用到所选素材。通过上方的调节滑块可以改变滤镜的强度，如图4-43所示。

图4-42　　　　　　　　　图4-43

完成操作后点击右下角的"确定"按钮✅，此时的滤镜效果仅添加给了选中的素材。若需要将滤镜效果同时应用于其他素材，可在选择滤镜效果后点击"应用到全部片段"按钮。

4.3.3 美颜：修饰人物形态

如今手机的拍摄像素越来越高，在自拍时脸部的毛孔和痘痕时常无所遁形，这对于一些喜爱自拍的朋友来说其实是不太友好的。

❶磨皮

在快影中进行人物磨皮处理的操作非常简单。在选中素材后，点击底部工具栏中的"美颜"按钮，如图4-44所示。进入美颜选项栏，其中提供了多种选项。点击"磨皮"按钮，通过下方的数值滑块，可以对磨皮强度进行调整，如图4-45所示。在处理时可以根据肤色要求设置相应的磨皮力度，这样处理的效果会更加自然。

图4-44　　　　　　　　图4-45

❷美白

如果磨皮之后，对人物面部的肤色还不满意，或者因光线阴暗导致面部颜色暗沉，还可以在美颜选项栏中，切换至"美白"选项，通过调整滑块，对面部进行美白处理，如图4-46和图4-47所示。

图4-46　　　　　　　　　　　图4-47

　　除了上述的磨皮和美白处理外，在美颜选项栏中，用户还可以切换至"瘦脸""大眼""瘦鼻""V脸""小脸"等选项，通过调整滑块，对面颊进行处理，如图4-48所示，为利用美颜功能修饰的人物形态对比效果。

图4-48

4.3.4 调节：保证高清视频画质

在快影中，除了可以运用滤镜效果改善画面色调，还可以通过手动调整亮度、对比度、饱和度等色彩参数，进一步营造合适的画面效果。

在未选中素材的状态下，拖动下方工具栏，点击"调节"按钮 ，将会出现"亮度""对比度""饱和度"等功能按钮，如图4-49所示。点击"亮度"按钮，轨道中会出现调节素材。拖动素材可以调整时长和起始时间，拖动对应效果上方的调节按钮，调整效果强度，如图4-50所示。

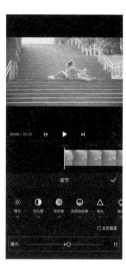

图4-49   图4-50

4.4 视频模板：创作热门快手短视频

对于刚刚接触短视频制作，不了解视频拍摄技巧和制作方法的用户来说，快影中的"模板"功能无疑会成为他们爱不释手的一项功能。通过"剪同款"功能，用户可以轻松套用视频模板，快速且高效地制作出同款短视频。

4.4.1 搜索模板：海量模板应有尽有

打开快影，在主界面点击"模板"按钮，即可跳转到模板界面，如图4-51所示。在界面顶部的搜索栏中输入内容后进行搜索，即可找到该内容的短视频模板，如图4-52所示。

图4-51　　　　　　　　　图4-52

4.4.2 应用模板：一键生成简单快捷

使用快影视频模板的方法非常简单：在确定需要应用的视频模板后，点击模板视频右下角的"剪同款"按钮，进入素材选取界面，如图4-53和图4-54所示。

 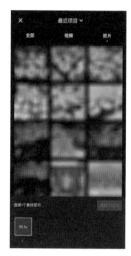

图4-53　　　　　　　　　图4-54

在素材选取界面底部，会提示用户需要选择几段素材，以及视频素材或图像素材的所需时长。在完成素材选择后，点击"下一步"按钮，等待片刻即可生成相应的视频内容，如图4-55和图4-56所示。

 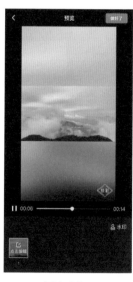

图4-55　　　　　　　　　图4-56

生成的短视频内容自动添加模板视频中的文字、特效及背景音乐。在编辑界面中不仅可以对视频效果进行预览，还能对内容进行简单的编辑和修改。

在界面下方提供了"点击编辑"选项。在"点击编辑"选项下，可以预览视频。如果对画面的显示区域不满意，则可以通过"裁剪"选项打开素材裁剪界面，可移动裁剪框来重新选取需要被显示的区域。如果对当前的素材不满意，也可点击"替换素材"按钮进行素材替换，如图4-57和图4-58所示。

图4-57

图4-58

4.4.3　卡点视频：导入图像快速生成

在快影模板栏的"卡点"分类中，可以选择一款热门视频模板，直接将素材导入，即可自动生成视频，如图4-59所示。

图4-59

要注意模板所需视频素材应与自己的素材数量一致，下面分步骤讲解如何利用快影模板制作卡点视频。

01〉 当用户找到自己喜欢的卡点视频模板后，点击视频右下角的"立即使用"按钮，如图4-60所示。

02〉 跳转至素材添加界面，按照自己所需的顺序添加相应数量的素材，如图4-61所示。

图4-60   图4-61

> **拓展讲解：在进入素材添加界面时，可以查看底部的提示信息，例如上述操作中的模板会提示"导入或拍摄16段素材"，这便是提示用户自行选择16段素材。**

03 › 进入编辑界面，此时可以选择编辑视频素材或编辑文本内容。

04 › 完成调整操作后，点击右上角"导出"按钮 ，如图4-62所示，即可将视频导出并保存至本地相册。

图4-62

运 营 篇

快手运营：
离不开互动和引流

第5章

短视频发布是运营者与用户产生联系的必要条件，是做好快手号推广的重要方法。把握好短视频发布节奏，实时监测短视频的后台数据，并及时记录调整，有助于运营者达到高效的目的。

5.1　发布技巧：如何掌握发布节奏

在快手运营时，发布视频的时间也包含一定的技巧，结合其他渠道进行引流也能更好地为视频和账号吸引更多的粉丝，本节将具体介绍。

5.1.1　发布时间：合适的时间很重要

在发布快手时，什么时间发布视频的效果最好？互动量与发布时间有什么关系？通过大数据不难发现其中是有一定规律的。

在发布快手时，建议大家保持合理的发布频率，以每天3～5条为基本，并进行精细化的管理，保持视频的活跃度，让每一条视频都尽可能上热门。如果想要作品被更多人看到，还应选择在线用户多的时候发布视频。

据统计，快手用户使用手机"刷"视频最多的场景是在饭前和饭后。在这段时间内超过一半的用户会"刷"视频，也有一部分用户会利用碎片化时间看视频，比如地铁上、回家路上、上卫生间时。如果是周末、节假日以及晚上入睡前，用户的活跃度会更高。由以上讯息得出，最适合发布快手动态的时间段为以下3个：

（1）星期五晚上的6～12点。

（2）周末和节假日。

（3）工作日晚上的6～10点。

以上时间段只是一个参考，可以根据实际情况选择最适合的发布时间。一条同样的视频在不同的时间发布效果也有所不同。流量高峰期被用户看到的可能性更大。如果一次性录制了好几条视频，切记不要一起发布，每个视频的发布时间都要有一定的间隔。

5.1.2 渠道引流：多平台同步引流

在运营快手账号的过程中合理实战推广是非常重要的一步。想要走好这一步就要了解各种引流方式。本小节便为大家介绍快手的几种引流的方法。

❶ 话题引流

前文提到过，在快手的话题页面中能看到一些相关的热门视频动态，不仅达到了上万的点赞量，还能让广大用户参与视频互动，提高用户的黏性和活跃度。参与话题的方式很简单，在发布视频动态或图片动态时，点击"#话题"按钮，输入与视频内容关联的话题关键词，然后发表即可，如图5-1所示。

图5-1

在快手中，添加话题无疑是使视频获得平台推荐的"秘籍"，视频作品拥有吸引人的创意和丰富的内容自然会增加曝光率，加上话题还会吸引相同兴趣者的点赞、评论和关注。

2 "@"引流

除话题引流外，还可以通过"@"进行引流。对于"@"我们并不陌生，自2009年9月25日新浪微博上线了"@"功能之后，"@"时代就诞生了。

"@"引流常用于各大社交平台，比如微信朋友圈、QQ空间、微博、抖音等。在快手中，这一功能紧跟话题之后，点击"@"按钮即可选择关注的快手号，也可以"@"自己。通过"@"同行达人可以给自己带来一定的播放量，如图5-2所示。

图5-2

3 互推引流

通过在视频中、评论区等地方与爆款大号互推的方法，建立快手号营销矩阵（两个或两个以上的快手运营者，双方或者多方之间达成协议，进行粉丝互推），这样能够达到互赢的目的。

我们在运营快手时，可以与其他视频主合作。与其他视频主约定好，以有偿或无偿的方式给对方进行快手推广。通过同领域互推，增加曝光量，是一种快速"涨粉"的方法。它能够在短时间内帮助运营者获得大量粉丝，效果非常可观。

在账号互推时，值得注意的是，找的互推快手类型尽量不要是同一类型，因为这样两个账号之间就会存在竞争关系。

两个或多个账号进行互推时，尽量找互补性的账号进行合作。比如，如果你是一个"种草健身用品"的快手，那么在选择互推的快手时，应该优先考虑推送瑜伽、健身操等课程的账号，这样获得的粉丝才是有价值的、可转化的。

❹ 评论引流

快手账号中评论区发帖的用户基本都是快手中的精准受众，而且都是活跃用户。用户可以编辑好一些引流话术，在自己发布视频的评论区回复他人的评论，评论的内容可以直接使用准备好的引流话术。

接下来具体介绍评论区引流的方法。评论区引流主要是在评论区评论热门作品，通过关注同领域或者相关行业的账号，评论他们的热门视频作品。图5-3所示为一个美食教程类的视频作品，该作品的热评中就有同领域的美食博主。用户刷到这个热门视频后，一眼就能看到热评，对美食感兴趣的用户自然而然就会打开其主页看一眼。

图5-3

再如，卖化妆品、护肤品、服装等女性产品的用户可以多关注一些护肤、美容、穿搭等相关账号。因为关注这类账号的粉丝大多都是女性群体。这种评论同领域视频主的特点是：流量小但粉丝精准。具体方法是在搜索框输入关键词，即可找到很多热门视频。

除了在同领域的账号中发表评论外，还有一种方法是直接评论热门作品。热门作品的特点是：流量大、竞争大。热门视频引流有两个诀窍：

（1）利用小号去热门作品中进行评论，比如：想看更多精彩视频请点击"xxx"（你的大号名字）。使用这个方法需要注意的一点是，小号的头像、简介、背景图等资料都要专业并且领域垂直，这样吸引的用户才精准。

（2）直接利用大号在热门视频进行评论，比如：想看更多精彩视频，点我有惊喜。使用大号进行评论需要注意的是次数不能过于频繁。

❺ 原创视频引流

原创视频引流是各种引流方法中最直接也是最好的选择。除了前文提到的方式，更应该注重的是内容的质量，利用优质的内容吸引粉丝。

快手平台强调了解真实的世界，认识有趣的人，也可以记录真实而有趣的自己。运营者只需用心、持续经营自己的账号，持续更新，分享干货内容，内容积极健康向上，形成自己的独有风格，自然会吸引用户的关注。记住这些原则，也能让作品获得更多平台推荐。

❻ 矩阵引流

矩阵引流指的是一个人或一个企业同时申请不同的账号并运营，以此打造一个较为稳定的私域流量池。多个账号一起做的好处是能够带来更多的流量。

矩阵引流所需的人力成本会较高一些。因为一个优质的快手矩阵需团队的支持，短视频出镜人、拍摄人员、后期剪辑、运营推广缺一不可，这是保证账号矩阵顺利运营的基本。

矩阵引流的好处是很多的。它可以全方位展示品牌的特点，扩大影响力，形成链式传播进行内部引流。微信是一个非常完善的商业体系，无论是从引流还是变现来看，都可以没有限制地将用户直接引入微信公众号、微信快手、个人微信号，直接在微信中就能完成商业闭环。

这种引流方式在微信中具有很强的优势。比如在其他自媒体平台，利用软文导流一般是不允许放入其他平台联系方式的。但是在微信快手中可以放入个人联系方式，评论区还能放入公众号链接，是没有任何限制的。

使用矩阵引流可以最大限度降低账号运营风险，也就是俗话说的"不把鸡蛋放在同一个篮子里"。多个账号一起引流，无论是引流吸粉还是后期变现都能达到更好的效果。在进行矩阵引流时，有的事项是运营者需要注意的，具体如下：

（1）注意账号的内容，遵守平台规则。

（2）每个账号的定位都不一样，不同账号对应不同的目标用户。

（3）每个账号的内容不跨越大领域，以小而美且真实的内容作为主流形式。

快手矩阵账号的定位，不能过高也不能过低，更不能错位。在保证主账号发展的同时，其他账号也能顺利成长。

比如，华为公司的快手号主账号为"荣耀手机"，其子账号还有"华为官网授权体验店"等，分管不同领域的短视频内容推广引流，如图5-4所示。

7 跨平台引流

跨平台引流最重要的就是各种社交平台之间的引流，除了微信外，微博、QQ、QQ音乐、网易云音乐等平台都拥有大量的用户群体。对于在其他平台已积累了大量粉丝的短视频达人来说，可以将其他平台的用户转移至快手中，具体如下。

（1）微信引流。

微信目前已经实现国内移动互联网用户的大面积覆盖，成为国内最大的移动流量平台。微信朋友圈、微信群以及公众号上的用户都可以转化到快手中。

图5-4

快手运营者可以在朋友圈中发布快手中的短视频，引导、吸引微信好友关注。但值得注意的是，朋友圈目前只能发15s的视频，而快手能够发布更长时长的视频，所以我们在朋友圈发布视频时需要剪辑，选择最具吸引力的部分发布。

如今每个人都拥有数个微信群，通过微信群发布自己的快手作品，也能增加内容的曝光率。需要注意的是，发布的时间应尽量与快手同步，但是不能太频繁，同时也要注意视频内容的质量。

（2）QQ引流。

QQ是最早的网络通信平台，拥有强大的资源优势以及庞大的用户群，是快手运营者可以充分利用起来的引流池。

QQ名字可以改成快手号名字，个性签名写一句好友关注的话，引导用户关注，增加快手号的曝光率；QQ空间也是快手运营者能够充分利用起来的好场所，将权限设置为所有人可见之后，发布快手中的视频进行引流；快手运营者还可以多创建、加入一些与快手定位相关的QQ群，与群友交流，以此进行引流。

除此之外，在QQ中还有一个可高效引流的地方，即QQ兴趣部落。这是一个基于兴趣的公开主题社区，可以帮助运营者获得精准粉丝，这一点与快手中的"话题"比较类似。运营者可以关注同行业达人，评论热门帖子，吸引精准用户。

（3）音乐平台引流。

我们都知道，短视频离不开配乐。所以快手运营者还可以借助网易云音乐、虾米音乐、QQ音乐等音乐平台进行引流。

5.2　互动技巧：热情的目光会吸引关注

运营好快手账号，实现播放量暴增和粉丝的增长，用户运营是必不可少的。而用户运营的核心在于对用户进行精细化的管理，也就是做好与用户的互动。本节详细介绍在快手中如何经营粉丝，与粉丝一起"玩"，形成自己的"社群"。

5.2.1　私信引流：通过消息建立沟通

在运营快手时，很多人只是把自己当成内容的生产者，忽略与用户的互动。这样一来，运营者就只是做了自己喜欢做的事，忽视了用户喜欢的感觉。长期下来，即使能够产出优质的视频内容，也会遭遇瓶颈，粉丝增长的速度会变得很缓慢。所以，运营者需要重视私信和评论区，重视私信的管理和引流。

私信引流的优势在于可以发送图片，且以一对一的形式交流，能够保证目标用户收到引流信息。私信引流要注意话术，最好用打招呼的语气开场，这样不容易引起用户的反感，准确把握用户的兴趣点对引流效果的提高非常重要，如果是发送文字信息要尽量避免敏感词，防止被系统认定是营销内容，如图5-5所示。

图5-5

5.2.2 评论引流：提问引导增加评论

在评论区引流是较为直接的引流方式。在评论区，运营者可以和用户直接交流。评论区引流有两种情况：在自己的评论区引流或在其他博主的评论区引流。接下来分别为大家介绍。

❶ 在自己的评论区引流

在自己的评论区引流主要是将快手上的流量引导到其他平台。通常来说，在评论区留评的用户和浏览评论区的用户都是对笔记有一定兴趣的用户，这些就是运营者应该重点把握的精准用户。为了将这些精准用户引导到目标平台，运营者可以准备一些引流话术，发表在评论区，或者用这些话术回复用户的评论。不同的引流目的适用于不同的引流方式。

随着互联网的快速发展，线上电商崛起，很多线下店铺开始在各平台经营自己的账号，建立社群，吸引更多用户光顾线下店铺。对于这类运营者，引流就是将线上的粉丝引导到线下，为店铺带来实际收益。

❷ 在其他博主的评论区引流

运营者有时也会在其他博主的评论区引流，但需要注意三点：一是要选择同领域的博主或笔记，这样才能确保吸引的都是有效流量；二是要选择高热度笔记的评论区，增加用户看到这条评论的可能性；三是要注意引流的方式，避免引起其他博主的反感。

图5-6所示为某茶艺博主，该博主分享的内容主要是自己品茶的心得、茶艺课程分享和茶园、茶叶店探店分享，吸引了很多对茶艺感兴趣的用户，这些用户显然都是茶艺这一领域的精准用户。因此，不仅经常有用户在评论区询问茶艺课程的获取途径和茶叶购买的推荐，很多茶园和店铺也会在评论区发布相关信息，既是对该博主发出邀请，也是向评论区这些精准用户宣传自己。

图5-6

5.3　涨粉技巧：掌握短视频营销的核心

快手拥有一个很庞大的用户群，如今拥有11亿用户，聚合了大量的用户和流量。对于运营者来说，如何通过引流，让用户转入自己的私域流量池才是关键。本节将介绍一些简单的运营方法，手把手教你通过快手吸引精准粉丝。

5.3.1 吸引粉丝：精准粉丝主动关注

前文向大家介绍了和粉丝互动的技巧，那么应怎样吸引精准的粉丝呢。许多快手用户之所以长期关注某个账号，就是因为该账号打造了一个吸睛的人设。因此，快手主播如果通过账号打造了一个让快手用户记得住、足够吸睛的人设，那么便可以持续获得粉丝。

那么应该怎样选择以及确定自己的人设方向？每个视频创作者身上都有自己的亮点，所以只需找到自己的亮点，就会吸引到一批粉丝。因此，找到自己的优点、特长是确定人设的前提。打造一个人设并不难，确定以下5个基本要素即可。

① 形象或个性

我们在认识一个人之前，第一印象就是由其形象开始的，你的外貌、特征、穿着、造型等方面都能够给用户留下记忆点。如视频号中的舞蹈博主"代古拉K"，她的特点就是她的笑容，每一个作品都是露着牙冲着观众微笑。这个特点让大家在提起她时就会想到：一个笑容甜美的舞蹈博主，如图5-7所示。

图5-7

由此可见，当快手运营者具有专属于自己的特点时，就能给用户留下印象，这样你的IP形象也会快速树立起来。标志性笑容、独特的造型、具有特色的着装等，都可以帮助运营者树立短视频人设。

❷ 兴趣爱好

快手运营者在给自己塑造人设的时候，一定要选择自己感兴趣的方向，并且要有一定的经验，这样才能持续输出内容。比如生活博主"颖妈手工"，她会做多种可爱有趣的手工，平时最喜欢的事就是带着孩子做手工。因此她的人设就是，爱和孩子做手工的妈妈。她在快手中拥有两百多万粉丝，并深受粉丝的喜爱，这就是鲜明的人设在短视频中的优势，如图5-8所示，为"颖妈手工"的快手账号页面。

图5-8

❸ 结合自己的生活

视频运营者在塑造人设的时候，还应该结合自己的生活，如生活环境和生活中的人。快手中有很多情侣账号和夫妻账号以及Vlog式的短视频。他们就是以生活为素材，用不同的方式分享和记录自己的生活。图5-9所示为快手中一名博主发布的短视频。该账号就是以自己的日常生活为主题进行拍摄。这样设定人设还有一个好处就是可以根据日常生活持续更新，不用担心没有拍摄内容。

❹ 个人口头禅

相信大多数人对口头禅都不陌生，因为它出现的次数较多，所以口头禅也是一个人的标志。对于短视频运营者而言，如果有一句口头禅，也很容易在用户心里留下印象。比如美妆博主李佳琦的口头禅"oh my god""买它！买它！买它！"，就是他的标志性语言，如图5-10所示。

图5-9

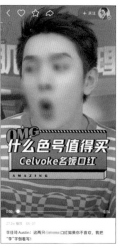

图5-10

❺ 正确的价值观

除了以上4个确定人设的方法之外，短视频运营者在塑造人设时还应注意最重要的一点，即正确的价值观。短视频运营者的人设下所呈现的内容就是其价值观的体现。所谓价值观是基于人的一定的思维感官之上而作出的认知、理解、判断或抉择，也就是认定事物、判定是非的一种思维或价值取向，简单来说就是内心相信和坚持的东西。

短视频运营者一定要有正确的价值观，这样才会越走越远。图5-11所示为"一禅小和尚"在快手中的主页，正是因为该博主的视频文案拥有着正确的价值观，收获了上千万粉丝的关注。

图5-11

虽然目前快手的时长有一定的限制，但向用户展示的不仅仅是这几分钟的内容。人设定位有很大的意义和重要性，创作者们需要在以上5个方面下苦功。

综上所述，找准方向，根据自身优势确定人设方向是每一个视频运营者都应确定的，这也是吸引粉丝主要关注的重要前提。

5.3.2　用户心理：深入了解用户信息

吸引粉丝关注之后，还需经营和维护粉丝。很多时候，虽然短视频的内容优质，但是点赞量和评论量却很少。如果想要提高短视频的热度，让用户主动互动，则需要先刺激用户。

首先如何吸引用户点赞，一般情况下，用户点赞的动机大约有三种，如图5-12所示。

图5-12

运营者的首要任务是了解用户的这三种动机，学会准确地将其激发出来，比如运营者发布了一个正能量的短视频，有的用户会被短视频所传递的正能量激发出热情，情不自禁为视频点赞。

其次，想要使快手用户主动评论，就需要运营者分析评论，找到并激发用户评论的动机。同样地，评论也有三种动机。

● 第一种是短视频内容使得用户有话要说，这种评论可称为宣泄型评论。让用户发出这种评论的办法是，刺激用户的情感阈值，达到让用户欢乐、让用户感动的效果。

● 第二种是当用户看到短视频中提出的问题后，有答案要发表的，这种评论叫作回答型评论。想要让用户发出这种类型的评论，要先让用户看见问题，然后产生答案，让他们觉得自己的答案是最正确的，从而产生一种"不吐不快"的心理。如图5-13所示，为快手中的某推理类账号，用户可以通过短视频画面中出现的线索寻找答案，并纷纷在评论区留言猜测答案。

● 第三种，短视频内容使用户觉得有互动的必要，并且想与运营者建立关系，这种就叫作社交型评论。要想让用户发出这种类型的评论，则需要让用户有与运营者互动的机会，甚至有产生交集的可能性。例如，当运营者在视频中表示自己会回答评论区的问题时，很多用户都会在评论区提问，希望运营者可以读到自己的留言。

图5-13

5.3.3 粉丝质量：精准吸引高质量粉丝

前面介绍了如何快速获得粉丝的关注，了解用户心理，做好运营的"内功"，但值得注意的是，粉丝数量多固然重要，更重要的是质量要高，这样才有利于账号的长期发展及变现。

高质量粉丝的特点是粉丝对账号的忠诚度高、黏性强、互动频繁，会持续关注账号。在后期变现时，这样的粉丝最有可能为商品买单。所以，本节将讲解如何通过两个关键要素，精准地吸引高质量的粉丝。

❶ 长期价值

长期价值是指账号中的视频数量足够多，让用户感觉能长期通过账号获取更多的价值。假设有两个账号，在同等条件下，两个账号发布的视频内容一样。但是其中一个账号有50条视频，而另一个账号只有1条视频。当这两个账号呈现在用户的面前时，用户会选择关注哪一个账号呢？显而易见，肯定是内容更多的那个账号。因为相比之下，这个账号发布了更多的短视频，能看出它在持续更新内容。

长期价值可体现为用户对账号的期待。账号持续更新，或者有足够多的作品，用户才有可能关注这个账号。相反，如果账号只有一条视频，即使这条视频的内容很优质，用户也只需要点赞或下载就足够了，没有必要对其进行关注。所以，在很大程度上，账号的长期价值会影响用户是否关注。图5-14所示为账号"四川观察"在快手创建的账号首页，正是由于该账号的作品过万，保持着一定的更新频率，收获了800多万粉丝的关注。

了解了长期价值的作用，应该如何提高长期价值呢？很简单，提高视频的更新频率就可以了。单击每个账号的个人主页可以看到，快手中的视频作品按照每行3条的样式排列，3、4行的视频就足够铺满手机屏幕。对用户来说，视频至少要铺满手机屏幕，这个账号才算有长期价值，所以新手在创建新账号时，需要尽快发布9～12条视频，如图5-15所示。

图5-14

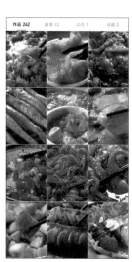

图5-15

> **拓展讲解：** 一个新账号每周更新一条视频，意味着至少需要9周才能营造长期价值，时间显然太长。如果这个新账号每天更新一条，那么两周就能营造长期价值。我们可以在开始多准备一些视频作品，尽快发布9~12条视频。积累一定数量的视频之后再降低更新频率，也是一种可取的方式。

❷ 从众效应

从众效应也就是大家常说的"随大流""跟风"。大多数人或多或少会受到从众效应的影响，而选择更多人的选择。比如，在淘宝购物或在外卖平台点外卖时，经常会优先考虑销量高、评分好的商品，这就是从众效应的影响。接下来介绍通过从众效应来获取高质量的粉丝的方法。

不难发现，在快手"刷"视频时，系统推荐的视频大多数是点赞量高达几十万甚至上百万的视频。虽然我们看不到这些视频的播放量，但一般而言，播放数量是点赞数量的50~100倍。也就是说，如果一条视频点赞数100万，那么其播放量应该在5000万~1亿次。

由此规律可以看出，通过视频的点赞量就可分析出大多数观众的喜好。比如，美食类账号如果发现平台在某一时段推荐的蛋糕烘焙类教程很受用户的欢迎和喜爱，那么就可以制作相同类型的视频。

除了通过系统推荐达到从众效应外，运营者还可以主动挖掘，精准吸引高质量粉丝。具体方法如下。

以美食类账号"妞妞儿美食"为例，该博主拥有200多万粉丝，视频内容是利用一分钟左右的时长讲解各种美食的做法。目前该账号已有400多条视频，也就是有400多种美食的做法，如图5-16所示。

通过观察不难发现，该博主发布的黄焖鸡视频的观看数量达到了150多万次，说明相关视频是一个不错的爆款视频。由此可以推断，在所有美食视频中，用户更喜欢黄焖鸡的视频。那么，在同样做美食类账号的情况下，制作黄焖鸡的视频就能让更多的人喜欢，也就能获取更多高质量的粉丝。

图5-16

5.3.4　添加位置，增加笔记曝光度

快手的笔记推送机制包括地域推送。用户能够在"同城"页面中收到同城的视频推送，因此在笔记中添加位置也能增加曝光度。

位置的添加是手动输入并选择的，也就是说，可以根据需求设置定位地点，由此锁定特定区域的目标用户。另外，一些探店类的笔记也可以通过添加地点将准确位置告知读者，达到有效推广和精准引流的目的。

直接添加地点是在发布笔记时，在发布界面为笔记添加地点信息，图文笔记和视频笔记都可以使用这种方式添加地点。具体操作步骤如下。

01〉进入笔记内容填写界面，点击"添加位置"按钮，如图5-17所示。

02〉在搜索框中输入准确地点即可，如图5-18所示。

图5-17

图5-18

5.4 热门技巧：上热门是初级目标

前面介绍了涨粉的技巧。那么有了精准粉丝之后，要怎么做才能让视频内容"上热门"，获得更多关注呢？本节将为大家具体分析。

5.4.1 账号内容：内容垂直很重要

要想上热门，账号的内容是最重要的一项。内容垂直的账号会更加容易获得平台的推荐，粉丝的黏性也会更强，而在设置垂直的内容之前，需要给账号找到定位。接下来将为大家介绍几种设置定位的方法。

1 根据自身的特长定位

对于拥有特长的人群而言，在确定快手账号定位时就可以非常直接、简单。快手账号运营者只需要对自己的优点、特长进行分析，然后选择最擅长或最具优势的一个方面进行账号定位即可。

比如，某手机摄影师是专门做手机摄影的，并且在很多平台都有账号与粉丝。因此，他将自己的账号定位为摄影类账号，并命名为自己的名字，图5-19所示为他的快手账号页面。

图5-19

如果你擅长唱歌，就可以在快手中分享歌唱视频，等积累到一定粉丝数量的时候便可以认证为音乐博主。图5-20所示为快手中的某音乐博主，该博主拥有好听的嗓音，获得了很多点赞、评论和关注。

图5-20

自身专长包含的范围很广，除了摄影、唱歌、跳舞等之外，还包括其他诸多方面，比如游戏玩得精彩，化妆技术过人等。

由此不难看出，只要快手运营者或其团队成员拥有自己的特长，并且这个专长的内容是大众比较关注的。那么，就可以将该特长作为账号的定位，这是一种很好的账号定位方法。

❷ 根据用户的需求定位

大多数视频创作者在创作视频时，希望自己的作品能够获得用户的欢迎。因此，结合用户需求和前文所提的自身特长进行定位也是一种不错的定位方法。

随着人们生活水平的提高，越来越多的人会给自己买一辆车。但大多数人并不懂车，所以不知道应该如何选择一辆适合自己的车。因此，这类有买车需求的人都会对汽车类的内容比较关注。在这种情况下，快手运营者如果对汽车内容比较擅长，那么，将账号定位为汽车博主就比较合适了。

例如，有一个名为"毒辣车评"的快手在其他短视频平台本身就拥有很多粉丝，再加上快手中对汽车类内容感兴趣的用户很多。因此，他入驻快手之后，便将账号定位为汽车博主，并持续为快手用户分享汽车类内容。图5-21所示为"毒辣车评"的相关快手短视频。

除了汽车之外，快手用户普遍需求的内容还有很多，美食制作便属于其中之一。许多喜欢做菜的用户，可以从快手中寻找一些新菜色的制作方法。因此，如果快手运营者自身就是厨师，或者会做的菜色比较多，再或者特别喜欢制作各种美食。那么，将账号定位为美食制作分享账号就是一种不错的定位方法。

快手"xx美食"就是一个定位为美食制作分享的账号。在这个账号中，视频运营者通过视频将一道道菜色的制作过程进行展示，如图5-22所示。

图5-21

图5-22

由于该快手创作者在每个视频中都将菜品的详细过程做了展示，再加上大多数菜品都是家常菜，做法简单，能够从很大程度上吸引快手用户，所以发布的视频内容获得了大量的播放量和点赞量。

❸ 根据独特个性风格定位

快手运营者还可以根据自己的特点设计与众不同的风格，进行账号定位。例如，快手"外下羊"就是一个比较特别的快手创作者，图5-23所示为该账号发布的相关短视频。

图5-23

从图5-23可以看出，"外下羊"的视频风格比较特别，视频的拍摄场景都非常唯美，再加上其绘画过程和成品，以及优美的配乐，打造了一种很舒服的感觉。现在大多数人的生活都比较忙碌，对这种安静、唯美、舒适的生活都很向往。所以，很多看到这类视频的用户都会觉得特别欣赏，然后进行点赞、评论和分享。

除了在平台上与众不同的内容之外，快手运营者还可以通过自身的内容展示形式，让自己的账号内容，甚至是账号，和其他同领域的账号不一样，打造稀缺性。

❹ 根据品牌的特色定位

前文所说的方法都是针对个人号的，那么快手中的企业号有什么定位方法呢？其实，大多数企业或品牌在长期发展的过程中已经形成了自己的特色。在快手中，运营者根据品牌原有的特色进行定位，就会比较容易获得用户的认可。

根据品牌特色做定位主要细分为两个方面，一是可以代表品牌的物象，二是品牌的业务范围。小米就是一个以业务范围做账号定位的快手，在这个快手中经常发表与品牌产品相关的动态，如图5-24所示。

图5-24

熟悉小米品牌的用户都知道，小米崇尚创新、快速的互联网文化，始终坚持做"感动人心、价格厚道"的好产品。该快手的运营者在发表动态时，主要发布与品牌风格相关的内容，辨识度很高，能够给用户带来比较深刻的印象。

以上就是新手在运营快手之前可以借鉴的确定定位的方式，可以根据自身情况确定适合于自己的定位方法。

5.4.2 相关研究：知己知彼百战百胜

当从主观条件出发，确定了账号定位后，接下来要通过客观调研，进一步筛选，直至确定出唯一的答案。调研主要分为两个方面：一方面是对已选定分类中热门账号的运营情况进行调研，另一方面是对平台整体运营情况进行调研。

"热门账号"是指某一定位中热度较高的一些账号,例如你想做穿搭类的账号,那么就要对穿搭关键词下高排名笔记的发布者进行研究。比如,直接在搜索结果页选择"旅行",如图5-25所示,其中有很多带着"优质作者"标志的账号,他们都是很好的研究对象。研究内容主要包括这些账号发布的内容、形式、推送频率、热度数据等等。

在调研的过程中,运营者需要带着问题去研究,这样目标才更加明确。比如:我们所选择的这些定位所在的领域,市场需求是否已经饱和,现在入场还能进行哪些内容的推送,目标用户喜欢看什么、不喜欢看什么,该领域的热度天花板是否符合我们的期望。这些问题都影响着我们最终的抉择。

例如,在母婴这一分类下的内容整体热度都不高,互动量也较少。在快手搜索"母婴"这一关键词,并选择按热度排序,可以看到排名第一的笔记点赞数和评论数都不足一万,与热门分类下的笔记热度具有一定差距,如图5-26所示。这意味着在快手进行母婴内容的推送可能会具有一定的难度和限制。那么在选择之前我们就需要做好心理准备,自己能否坚持在这个分类里创作和推送优质内容,避免开始运营之后又由于心理落差过大而产生动摇。

图5-25

图5-26

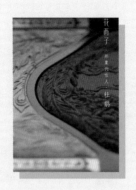

快手盈利：
新手增效创收之路

第6章

随着短视频行业的快速发展，一些个人、商家及品牌方都对短视频形式的推广产生了兴趣，相继涌入了短视频领域，并纷纷进行广告投放。商家和品牌方的入驻，给快手运营者和平台提供了许多变现的机会。运营者通过拍摄创意性广告，能够让用户更愿意接受广告的内容，同时提高短视频广告的变现效率。

6.1 快手广告：信息流投放推广

快手拥有数亿用户，积累了海量的数据，通过数据管理平台对用户行为进行收集、搭建并完善用户画像模型。通过长期的积累和准备，快手将重点转向广告，形成了商业化产品体系并逐渐完善。那么快手商业开放平台包括哪些内容呢？本节将为大家具体分析。

6.1.1 快手业务：广告的重视度高

在快手中推出了适用于商家和个人的新产品——服务号，其可以帮助运营者在快手中变现。

服务号是快手为广大商家推出的新产品。它是专门针对一些企业推出的特殊服务。开通服务号后可以满足内容传播、交易服务、变现转化等多种营销服务。

服务号是商业生态主阵地之一。快手运营者通过品牌账号建立自己专属的营销阵地，针对品牌的特点创作受众喜欢的短视频，以高质量的内容吸引用户，并维护与粉丝之间的黏性，获得额外的流量，沉淀变现的资源。而在快手中，服务号也分为普通服务号和认证服务号两种类型。

❶ 普通服务号

申请开通普通服务号的方法很简单，门槛也相对较低，具体步骤如下。

01〉在快手首页左上角的侧边栏中点击"设置"按钮，如图6-1所示。

02〉在"设置"页面点击"账号与安全"按钮，如图6-2所示。

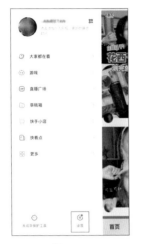 

图6-1 图6-2

03〉在"账号与安全"页面点击"加V认证"按钮，如图6-3所示。

04〉在"快手用户认证"页面点击"企业认证"按钮，如图6-4所示。

图6-3 图6-4

05〉在"开通服务号"页面点击"免费开通"按钮，即可完成服务号开通，如图6-5和图6-6所示。

图6-5

图6-6

② 认证服务号

开通服务号后，还需对其进行认证。点击图6-6中右上角的"免费认证"按钮，即可进入"免费认证流程"页面。在该页面点击"免费认证"按钮即可进入认证页面，根据要求填写资料就能完成认证，如图6-7和图6-8所示。

图6-7

图6-8

普通服务号和认证服务号所享受的权益也是有所区别的。认证服务号比普通服务号能享受到的权益更多，具体如图6-9所示。

普通服务号：可享受商家课堂、开眼快创等功能；
认证服务号：认证服务号除享受普通服务号的权益外，还可以享受直播任务、微信任务、商品管理、在线预约、优惠配置、推广返利、数据大盘、主页装修功能。

图6-9

❸ 信息流广告

信息流广告结合用户实时关注的内容推送相关信息，较为精准，而且利于转化，是目前主流广告形式之一。在快手上推送信息流广告同样可以取得良好效果，帮助很多产品和品牌赢得年轻用户的关注。

内容原生和用户主动接收信息是信息流广告的两大主要特性。信息流广告的主要目的是获取潜在用户，以软广告为主，不会引发用户反感。同时，信息流广告通过媒体平台的智能系统推荐给用户，给了用户充分的自由选择权，带给用户更好的观看体验。图6-10所示为快手中的信息流广告页面，评论区也有软件的下载链接，能够达到不错的推广效果。

图6-10

6.1.2 快手受众：带动的数量较多

根据QuestMobile、中商产业研究院的数据，在2020年6月国内主流短视频App月活跃用户情况中，快手月活跃用户为42975万人，仅次于抖音短视频，如表6-1所示。

表6-1

产品	抖音	快手	快手极速版	抖音极速版	微视
月活跃用户数（万）	51336	42975	12118	8840	9615
Yoy（%）	5.60	26.20	15049.50	-	87.79
日人均使用时长（min）	52	39	46	33	8
Yoy（%）	44.90	2.2	264.40	-	70.30

目前快手日活跃用户已经超过3亿，并拥有强大的用户基础，所以还是非常适合运营新手的。只要你的短视频质量优质、有趣，能吸引用户的注意力，它们就能为你带来大量受众，产生收益。

每一个快手用户都可能是潜在的广告受众。对于那些运营成熟、有着前期大量用户沉淀的快手账号而言，通过快手宣传产品、在快手上做广告，将能产生明显的效益增长，并获得意想不到的收益。

以"长尾理论"来解释就是，由于之前的技术、时间和资本等方面限制，人们只关注重要的人或产品。如果用分布曲线来描绘这些人或产品，人们只关注曲线的"头部"，而将处于曲线"尾部"、需要更多精力和成本才能关注到的大多数人或产品忽略，如图6-11所示。

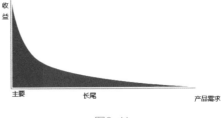

图6-11

例如，在销售产品时，商家关注的通常是少数的"头部客户"，无法顾及大多数的普通消费者。但通过快手，人们的关注成本被大大降低，普通的消费群众也可以被运营者作为潜在目标受众纳入关注范围。利用"长尾理论"，拥有庞大用户数量的运营者将会有不可比拟的优势。利用好自己的快手账号，可以为广告带来大量的受众。

快手账号"完美日记PD"的运营者通过账号发布广告短视频，短短一天的时间，该条短视频的播放量就超过了20万次，点赞人数也过万，评论数量为708条，如图6-12所示。其中很多用户在评论中@了自己的好友前来观看视频，也有用户在评论区中询问产品信息、在哪里可以购买等问题，吸引了大量用户购买产品，提升了品牌的知名度和产品销量。

图6-12

快手拥有庞大的用户群，为运营者的广告带来了大量的受众，加上其独特的系统智能推荐，可以为运营者精准定位目标受众，实现广告的有效投放，增加商品成交率。

6.1.3　广告角色：各司其职达成变现

运营者如果想在后期利用视频所积攒下的粉丝和流量来变现，首先要了解其角色分工和变现的基本流程。在短视频中主要包括广告主、广告代理公司以及短视频达人和团队3个角色，三者各司其职，相互配合，达成变现，如图6-13所示。

图6-13

1 广告主

广告主就是品牌、企业或者商家等有推广需求的组织，是设计、制作、发布活动的人，或者是销售或宣传自己产品或服务的商家，同时也可能是联盟营销广告的提供者。通俗点说，广告主就是常说的"金主"。

在视频移动化、资讯视频化以及视频社交化的趋势带动下，更是加速了移动短视频的爆发，同时也让流量从PC端大量流入移动端。移动互联网时代，也是短视频最具影响力的时代，视频号、抖音、快手、美拍等短视频平台逐渐成为新一代的流量中心。不难看出，企业的营销模式逐渐从传统的图文方式开始向短视频发展。短视频广告和传统广告的不同，主要体现在以下3个方面：

（1）浏览短视频比浏览图文更加快捷，每个用户每天会浏览几十、上百个短视频，因此短视频广告比图文广告更碎片化，频率更高；

（2）短视频的互动性比图文更强，用户可以随时互动；

（3）玩过快手短视频的用户都知道，平台会根据用户的浏览习惯和喜好推荐视频，这样刷到的视频都是用户感兴趣的。因此，短视频广告的投放会更加精准。

相较于传统广告来说，短视频广告不仅具备以上几个优点，其投入成本也更低，可以更精准触达品牌受众。因此，短视频广告目前基本已经成为广告主选择合作对象时的标配。

2 广告代理公司

对于传统广告行业而言，通过转型打造一个比较成功的短视频无疑是有难度的。一个完整的短视频营销需要营造一个良性的短视频生态圈，还需要覆盖各大短视频平台、短视频达人资源、MCN资源等。而广告代理公司则扮演了一个很专业的角色。广告代理公司是提供市场营销服务的公司，可以为广告主提供定制化的全流程广告代理服务。这类公司拥有着更多的广告渠道资源和达人资源，更加专业，从而制作更美观、精良、贴合品牌特性的短视频广告。

广告代理公司主要起到的是媒介作用。在变现流程中，广告代理公司并不是必要角色，因为广告主可以直接和达人合作，这样不仅可以节省大量费用，短视频IP也能够获得更高的收益。

尽管如此，很多大型企业以及知名度高的品牌依旧会选择和广告代理公司合作。除了广告代理公司能够帮助广告主找到领域更垂直的达人之外，广告代理公司的管理能力和视觉包装能力、策划能力都更专业，在专业团队的运营操作下，广告变现的整个流程会更加顺利。

3 短视频达人和团队

最后一个角色就是短视频达人或短视频团队了。他们是短视频广告变现的最关键因素，广告的策划、拍摄、出境、内容、后期、剪辑等一系列工作流程都要由这个团队来完成。

站在短视频团队的角度来看，不仅要考虑广告主和自己的收益，还要考虑产品是否能够为自己的粉丝带来优质的产品，同时还需考虑短视频的内容质量，只有高质量的内容才能吸引粉丝的关注和参与。

短视频创作者必须打破传统广告的思维模式，站在用户的角度进行思考，注重粉丝的体验感。只有考虑到各方面的问题，才能打造高转化率的短视频广告。

6.2 变现方法：新手如何广告变现

在快手中，广告只是一种方式，广告变现才是最终的目的。广告变现是最关键的一个环节，运营者可以使用一些小技巧，如全场景覆盖、无形推广商品等，有效提升广告变现的效果。

6.2.1 全场景覆盖：提升多种用户体验

运营者在制作短视频时，可以选择全场景覆盖的制作方式来吸引用户关注，提升他们的观看体验。运营者首先要选择合适的场景。至于具体的步骤需要根据运营者的短视频所面向的目标群体来决定。一般而言，不同类型的短视频会吸引不同的用户，因此，场景的选择自然也不同。

在确定场景之后，运营者还应该定制一个与场景相符的详细方案，这样才能够在实践过程中起到更好的效果。那么有哪些场景可供选择呢？具体如图6-14所示。

图6-14

❶校园场景

在校园进行拍摄时，需要吸引校园内年轻人的关注。运营者可以根据短视频的特点让学生参与拍摄。当这些年轻人成为短视频创作中的主力时，他们自然而然会主动关注后续的相关情况，例如，短视频什么时候发布，发布以后还会有什么样的后续工作等。

但是，如今越来越多的大学校园不允许外来人员直接进入，作为运营者则需找到解决办法，采取变通的方式达到目的。

例如，在部分大学校园中，学校社团需要举办一系列活动，以吸引更多成员的加入。举办活动则少不了经济来源，那么运营者便可以采用为社团提供赞助的方式来进入校园，完成短视频的拍摄。

通过这样的方式进行拍摄，可以在年轻的目标群体中获得好感。虽然需要付出一定的经济成本，但是获得的回报也是非常好的。与此同时，运营者还可以将学生中的领导者转化为场景中的人员，因为这些学生在校园中有着较好的人际关系，让他们参与拍摄可以使其他学生更好地接受短视频，从而取得最佳效果。

❷社区场景

进行社区场景拍摄之前，运营者首先需要对该社区的人员构成进行调查，因为不同社区的人员的特点会有所不同。在具体的实践操作过程中，运营者应该选择一个人员构成与短视频目标群体重合度吻合的社区进行短视频的拍摄，这样才能达到更好的效果。

除此之外，在社区场景中拍摄时，还可以让社区的群众参与到短视频拍摄中，让他们关注运营者的账号，以便后期观看短视频。这样不仅能让短视频的拍摄更加真实，还能无形中收获一些粉丝。

为了尽快调动社区人员的热情和积极性，运营者可以为他们准备一些与短视频相关的小礼物作为参与拍摄和关注账号的赠品，也可以采取关注账号后参加抽奖的方式来充分激发他们的好奇心，让他们愿意主动关注账号。

❸ 消费场景

在消费场景中拍摄短视频时，要遵循快速、高效的原则。通常情况下，出现在消费场所的人员有其目的性，如果运营者占用过多的时间进行拍摄，很容易引起人们的不满，最终导致拍摄失败。在这种情况下，运营者可以采取不一样的方式拍摄短视频，与商家达成密切的合作。

不过，运营者要想与商家长期合作，就必须形成一种互惠互利的关系。除了向商家付费使其帮助推广产品，还可以在拍摄的短视频中为其打广告。这样，运营者就可以在减少成本消耗的同时让商家得到相应的实惠，从而形成稳定的关系。

最后，运营者需要注意的是，无论是上述哪种场景下的短视频拍摄，都必须注重后期的持续关注度，判断实际的播放效果。如果运营者发现某种场景不适合短视频拍摄，那就以最快的速度脱身，防止浪费更多的人力和物力。

6.2.2 巧妙转换：无形中进行推广

运营者在积累了一定用户之后，除了接受平台补贴，还可以通过植入广告或定制广告的形式变现。而运营者究竟使用什么样的广告形式才能让用户买单？这是一个值得思考的问题。原生广告、贴片广告、浮窗Logo、创意性软植入等广告形式各有优点，运营者可以结合自身的情况进行选择，提高短视频广告的变现率。但是，在短视频中，广告形式如果过于直接或目的性太强，会引起用户的反感。为了避免这一点，我们可以从以下几个方面进行调整。

❶ 与短视频巧妙结合

新手如果想在快手上通过广告实现变现，就应该专心拍摄短视频，用心运营账号，将广告与短视频巧妙的融合在一起，具体应该注意以下3个方面。

（1）简单有趣。

快手平台具有碎片化的特征。因此要想做出优秀的广告，则需要将广告制作得有趣，这样才更容易抓住人们的眼球，获得广泛的传播。其次，过于复杂的广告可操作性更难，会在一定程度上降低其他用户的参与门槛。因此，制作简单的广告更容易让人们去主动点赞和转发。

（2）"标签"的社会性。

互联网把整个世界连接在一起，却把人和人分离开，让每个人都成了孤独的个体。在这种情况下，每个人都会产生一种想要寻求"标签"的本能冲动，希望找到一个可以抱团的组织。所以，在制作广告的时候，我们就可以构思带有"标签"的创意，同时还要体现社会性。

（3）使用逆向思维。

要想在快手发布优秀的广告，必须使用逆向思维，站在用户的角度去思考"我想看什么内容，会买什么样的产品"，而不是"我应该怎么把产品塞到用户手里"。这样，不仅可以减少人们对广告的抵触心理，还可以提升宣传和推广效果。图6-15为花西子在快手中发布的眼影广告截图页面。这则广告没有直接推销产品，而是通过代言人和唯美的画面展现产品的优点。用户不知不觉就将视频看完了，达到了不错的推广效果。

图6-15

综上所述，新手在快手通过广告变现时，需要站在用户的角度思考。你是在产品质量上有优势，还是在服务上有优势，还是你的产品价格在同行中较低，性价比很高。总之，在变现之前，运营者需要设身处地为用户思考。如果你都不愿意购买自己的产品，那就说明计划需要调整。

2 好的广告就是讲故事

与"硬广"相比，故事性的广告具有更好的传播效果。不过，要想拍摄出这种广告并不容易，需要注意以下3个方面。

（1）塑造个性化人物。

故事性广告最重要的是塑造人物。如果广告里有人们喜欢和认同的人物，那围绕该人物拍摄广告就相当于拥有了强大的群众基础。通常情况下，可以通过性格、语言、行为等来塑造个性化人物。

（2）加入新鲜感。

如今，人们都被各种品牌的广告轰炸，已经练就了异常强大的心理屏障。因此，要想充分打动用户，故事性广告就要以新颖为主要的切入点，引起用户强烈的好奇心。图6-16所示为三只松鼠在快手中发布的蜀香牛肉广告截图页面。这则广告通过两个卡通形象的对话完成了产品的宣传，获得了119万的播放量和2万个点赞，得到了不错的宣传效果。

图6-16

（3）完美结束。

有了好的人物、新颖的过程，在结尾要把这个句号画圆。人们能否记住你的广告，在很大程度上取决于你的结尾。在高潮过后，结尾有弥补遗憾、解释伏笔、突出品牌的作用。因此，对于故事性广告来说，结尾必须有说服力，要让用户觉得既符合逻辑，又非常令人满意，从而留下深刻的印象。

❸ 具有创意更能打动人

要想提升品牌形象、提高知名度，运营者需要在产品的质量上下功夫，同时，有创意的广告也十分重要。那么，我们应该怎样做才能让广告有创意呢？可以从以下几个方面着手。

（1）关注其他快手号的动态。

如今，各短视频平台上的竞争都十分激烈，快手自然也不例外。想要在快手上获得一席之地，通过广告获取第一桶金，运营者就必须时刻关注其他快手号的动态，然后根据各方信息对自己的广告和创意做出调整。图6-17为卡姿兰在快手中发布的广告页面截图，在向用户分享化妆的干货技巧的同时推出了自家的产品，获得了不错的推广效果。作为新手，可以关注并学习这些优秀的快手账号。

图6-17

（2）广知天下事。

对于快手号运营者来说，除了关注其他快手号的动态，还需要利用敏锐的洞察力及时关注新闻热点。通过了解微博、百度、网易等平台的热搜榜单，可以知道现在整体的信息环境是怎样的，也可以从中提取出绝佳的创意。

（3）注重积累。

很多时候，广告的创意是在一瞬间迸发出来的。但是这样的情况不会经常出现，主要还是需要平日里的不断积累。在这种情况下，需要一套完整的素材搜集体系，将看到的精彩短视频保存下来，将好的广告片段记录下来，将看到的好的语句摘抄下来，也许它们就会成为下一个创意的灵感来源。

以上这些方法可以使你的广告更加新奇有趣，不仅更易被用户接受，还能有效追踪到目标受众，避免了因广告太"硬"导致用户反感。

6.2.3　变现流程：五步法不复杂

了解了短视频广告变现的场景之后，我们再来了解其变现的基本流程。在短视频的多种变现方式中，广告变现是一种较直接的变现方式。只要拥有足够数量的粉丝，然后在视频中植入广告主的产品或服务，就能够获得广告费。

在快手平台，内容时长按秒计算，用户注意力极度缺乏。因此，在进行短视频营销时，广告主必须了解自己的消费群体，基于用户需求确定用户群体。快手平台拥有庞大的用户基数的支撑，就有了精准做营销的基础。如何吸引庞大的用户？如何通过快手商业广告，营销产品？轻松做营销需要注意哪些技巧？快手经过多年积淀，已经汇成了一个固定的流量。创作者每天产生大量的内容，大部分的内容都是对生活的真实记录。

创意式植入广告因为具有新意，因此用户较容易接受，所以变现效果好，对于视频创作者来说，收益也快。不过，各大短视频平台的视频创作者运营水平参差不齐，变现效果也不同。所以我们在变现之前，先创作好的内容，积攒粉丝和人气，才能在一定程度上实现广告合作的变现方式。那么短视频变现的流程到底有哪些呢？一共分为5步，如图6-18所示。

图6-18

1 规划并做预算

当广告主有为产品或服务打广告的需求时，首先要对广告预算进行规划，选择广告公司或直接选择达人进行沟通。

2 洽谈价格

当广告主明确自己的推广需求之后，根据合作的方式、投放广告的时长、达人的影响力和粉丝数量等各方面条件，与合作方商量价格，以一个双方都满意的价格达成合作。

3 团队创作

广告主与短视频团队充分沟通各种重要事项，一起商量内容、脚本等细节问题。

4 开始拍摄

达人或短视频团队在实际拍摄视频时，由广告主或代理公司进行把控，避免后期需要修改的风险，减少成本，降低风险，抓牢质量。

5 渠道投放

视频制作好之后，需要投放至相应的短视频平台，吸引用户的观看和关注，并对后期的宣传进行维护。

6.3 平台盈利：合理的资源利用

在快手上，绝大多数运营者通过各种变现方式有效地将自己的流量转化为实在的收益，是运营者成功变现的决定性因素之一。除了前文分析的在快手中的广告变现中的方法和流程之外，签约独播、活动奖励、渠道分成等方法也是不错的变现方式。

6.3.1 相互选择：签约平台的独播

当今网络上各大短视频平台层出不穷。为了能够获得更强的市场竞争力，很多平台纷纷开始与运营者签约独播，快手亦是如此。与平台签约独播，成了一种短视频快速变现的模式。不过，这种模式比较适合运营成熟、粉丝众多的运营者。对于新人来说，能获得平台青睐，得到签约收益，不是一件容易的事，比周杰伦这种拥有大量粉丝的运营者更容易与快手签约成功，如图6-19所示。

签约独播是快手与运营者之间互相选择的一个过程。快手为了能够更好地吸引运营者，往往会采用高价酬金的方式。例如，有消息称快手的主播"骚白"签约费超一亿元。既使后来有消息澄清说

图6-19

"骚白"拒绝了签约，但是依然可以从中看出快手对签约十分重视。运营者可以通过签约独播获得更多专属权利和回报，签约独播是快手争夺"流量大V"的重要筹码。

而作为运营者，想要与快手签约独播，必须已经达到了一定的发展水平，或者让快手看到该运营者的发展空间。签约独播是短视频直接变现方式中要求较高的一种，需要运营者在前期进行较多的准备。

❶ 找好自身定位

在结合快手特点给自己进行定位的过程中，运营者首先要考虑的就是自己的目标用户。每个不同的短视频平台都有其自身的定位，其吸引的用户群体也是不同的。运营者发布的短视频本身就是面向某一类特定用户的，只有目标用户与快手的用户群体高度吻合，才能取得更好的运营效果。

运营者与快手签约独播是一个双向选择的过程，不能仅仅因为快手向运营者抛出了橄榄枝，运营者就直接同意。运营者必须根据自身短视频的特性谨慎地考虑，不能轻易打乱自己的计划，要有明确的目标和清晰的规划才能获得更长远的发展。

❷ 保证短视频质量

短视频的质量是平台最看重的东西，只有高质量的短视频才能最大程度地吸引用户的注意力，从而保证该平台上用户的流量。所以运营者想要与快手成功签约，首要任务就是保证自己的短视频的质量。

高质量的短视频内容必须是原创内容，只有原创作品才能真正打动用户。如果采取抄袭的方式，虽然在短时间内可能走捷径获得部分人气，但缺少个性特点，无法留住用户。在保证短视频原创性的基础上，运营者还应该不断创新。创新可以使短视频焕发新的活力，避免用户审美疲劳。

❸ 展现发展空间

快手不仅会与已经成名的运营者进行签约独播，还会寻找有发展潜力的新人进行培养。平台培养出来的新人会对该平台产生较强的依赖性，他们取得成功后也不会轻易带着用户跳槽到其他平台，从而使平台长期稳定地发展，降低风险。这是一种长线投资的方式，平台可以用较低的成本得到较大的回报。

运营者想要成为培养对象，就需要使平台看到自身的发展空间，可塑性强的运营者会有更好的发展前景。运营者如果有别人替代不了的特点，就会更容易被平台看重。

6.3.2 参加活动：赢取额外的奖励

为了提高用户活跃度，快手会通过平台设置一些奖励活动，运营者完成活动任务即可获得"快币"或专属礼物。打开快手首页，点击左上角的"红包"标识，即可进入积分页面，如图6-20和图6-21所示。积极参加快手活动，便能成功领取积分，当积分达到一定数量之后，也能让钱包不再"空空如也"。

图6-20 　　　　　　　图6-21

除了通过完成任务可领取一定的平台奖励金之外，平台还会通过与其他品牌商家合作，共同设置活动玩法，实现平台、商家、用户互利共赢的一种活动模式。如"星星卡"活动，这是中国电信与快手合作推出的一个活动。在活动期间，用户通过申请免费领取星星卡，激活充值后可获得一定量的"快币"和一些专属优惠特权，如图6-22、图6-23所示。

图6-22

图6-23

6.3.3　渠道分成：积累资金的首选

对于运营者来说，渠道分成是初期最直接的变现手段。选取适合的渠道分成模式可以快速积累所需要的资金，从而为后期其他短视频的制作与运营提供便利。在快手上，针对短视频本身的分成渠道主要有3类：一是推荐渠道，二是视频渠道，三是粉丝渠道，如图6-24所示。

图6-24

6.4 内容周边：商业模式全覆盖

除了通过广告和短视频平台等常规方法达到变现的目的之外，快手运营者还可以在利用内容周边及衍生服务等方面下功夫，寻找适合自己的变现模式。

6.4.1 内容合作：形成利益共同体

这种盈利模式主要是快手与专业的内容运营者（如大型媒体、制作公司）进行合作，旨在寻求双方共赢。随着互联网内容的不断更新换代，可以发现，虽然在一个行业萌芽并不断发展的过程中，个人往往发挥着巨大的作用，但是随着行业日趋成熟，人们的要求也会越来越高，会越来越追求专业化、优质化。这时，依靠一个人或几个人是无法满足用户的需求的，专业化、集团化是每个行业的最终归宿，短视频行业也不例外。

虽然草根化、平民化的内容仍然会持续存在，但是大多数运营者会趋向于追求高端化的头部产品。草根化、平民化的内容在这个过程中也会逐渐向专业化过渡。这时，就需要媒体、专业公司来生产内容。因为无论是设备、人才还是制作水平，他们都有普通人无法企及的优势。媒体与专业公司在短视频的把控方面更加专业，而且可以联合不同的团队形成一个社群，使其互补，最大限度地吸引用户。

人民日报和快手就进行了深度合作。其模式为快手为人民日报提供推荐引擎技术支持及推广资源服务，人民日报新媒体中心通过自己的快手号，挑选短视频进行上传，确保高标准内容。这样的合作方式让双方各取所需，互惠互利，达到共赢的目的。人民日报官方快手号，如图6-25所示。

图6-25

随着短视频行业不断规范，其在商业转化方面也更加成熟，促使运营者生产更多高质量的内容，运营者也将会趋于专业化和团队化，有利于可持续发展。

内容合作是快手与运营者之间互惠互利的过程。运营者所完成的内容本身必然有特色才能被平台选中，而快手必须有一定的发展速度，并且前景良好，注重对本平台运营者相关权益的保护，才能源源不断地吸引更多的运营者前来加入，从而推动快手更好的发展。

6.4.2 销售课程：精彩课程吸引粉丝

假如你在某个领域有一定的经验，那就可以卖自己录制的线上课。例如，你是做销售技巧类的账号，就可以做一套如何让销售业绩翻倍的系列课；你是做塑形瘦身类的，就可以做一套如何边吃边瘦的课程；你是做亲子育儿类的账号，就可以做一套如何培养孩子独立性或者高情商的课程。

对于部分自媒体和培训机构来说，可能自身是无法为消费者提供实体类的商品的。那么，是不是对于他们来说，抖音短视频平台的主要价值就是积累粉丝，进行自我宣传的一个渠道呢？

很显然，快手短视频平台的价值远不止如此。只要自媒体和培训机构拥有足够的干货内容，同样是能够通过快手获取收益的。比如，可以在快手中通过开设课程招收学员的方式，借助课程费用赚取收益。

在快手中的"侧边栏功能"页面点击"付费精选"按钮，即可进入付费精选广场。在该页面可以看到各种类型的付费课程，如图6-26和图6-27所示。

用户进入感兴趣的相关课程页面后，可以看到课程的价格、销量、课程简介、评价等信息。点击"立即购买"按钮即可获得课程，如图6-28所示。

图6-26

图6-27

图6-28

那么快手运营者需要满足什么条件才能开通课程呢？在"我创建的"页面点击"申请成为创作者"按钮，即可进入申请页面。只需满足实名认证、粉丝数≥800人、发布公开且合规作品数≥10个这3个要求即可申请成为付费内容生产者，如图6-29和图6-30所示。

图6-29

图6-30

6.4.3　产品测评：能立马变现的内容

产品测评指的是测评类账号。例如，测评类头部账号"老爸评测"，就是挑选粉丝感兴趣的产品，主要测试效果、成分、质量和性价比等，并在测试的同时，为快手用户提供安全、放心的产品，如图6-31所示。

当然，普通运营者难以做到如"老爸评测"那么专业，但可以运用这一方式达到变现的目的。比如，运营者可以测评线上课程，通过亲身学习课程的内容，对自己获得的收获以及课程中的知识点进行真实评价；也可以测评销量高的爆款商品，对其质量、使用感作出评价。但值得注意的是，测评的原则是要保持中立的态度，通过真实感受作出真实的评价，这样才会吸引用户的持续关注。

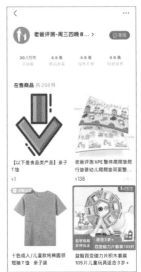

图6-31

6.4.4 游戏推广：多种方式都能变现

游戏广告变现模式是指主播通过直播某款游戏，或者在直播间提供游戏下载的二维码链接，给粉丝"种草"，给游戏引流，同时获得一定的广告推广收入，如图6-32和图6-33所示。

游戏广告变现模式适合各种游戏"技术大神"、颜值高的美女主播以及游戏视频创作者，如图6-34和图6-35所示。

在推广游戏时，主播还需要掌握一些推广技巧。

（1）声音有辨识度；

（2）清晰的叙事能力；

（3）"脑洞"大开策划直播脚本，将游戏角色当成演员；

（4）直播内容可以更为垂直细分一些，尽可能去深耕一款游戏。内容越垂直，用户黏性就会越高，则引流效果更好，更容易受到广告主的青睐；

（5）主播需要学会策划聊天话题，与粉丝互动交流，提升粉丝好感与黏度，活跃房间气氛。

图6-32

图6-33

图6-34

图6-35

快手小店：
渠道带货电商变现

第7章

长期以来，快手的运营者只能通过广告和打赏获得收益，这严重打击了他们进行短视频创作的热情和积极性。为此，快手不断创新，借助电商扩展了变现的方式。

从2018年8月开始，快手开始大力扶持电商，从"打赏"向"打赏+电商+广告+增值服务"的多元化盈利模式转变，使快手平台的带货量激增，各种带货能手不断创造出了带货奇迹。本章将为大家介绍快手小店的相关内容。

7.1 快手小店：便捷的商家功能

"快手小店"是快手上线的商家功能，旨在为快手优质用户提供便捷的商品售卖服务，高效地将自身流量转化为收益。本节将从新人开通、添加商品、好物联盟、小店养护4个方面向大家具体介绍相关内容。

7.1.1 新人开通：开通方法步骤解答

开通快手小店将获得以下收益：

- 多样的收入方式，高效转化粉丝流量为收益；
- 官方针对快手小店项目的额外曝光机会；
- 快手平台提供的便捷商品管理及售卖功能。

那么新人如果想开通快手小店应该如何操作呢？接下来将具体介绍。

01〉打开快手，点击左上角的侧边栏按钮▤，在该页面点击"快手小店"按钮，如图7-1所示。

02〉在"快手小店"页面，点击右上角"开店"按钮🖯，如图7-2所示。

03〉在开店页面有三种方式供运营者选择，分别为"我可以推广商品赚钱""我卖自己的商品赚钱""为平台供货，找主播推广"，运营者可以根据自己的需求选择相应的方式，如图7-3所示。

04〉点击图7-3中的"立即加入"按钮，弹出快手店铺的类型（运营者可以根据实际情况进行选择，本书以"个人店"为例），点击"个人店"按钮，如图7-4所示。

05〉 上传身份证正反面图片，点击"人脸认证并入驻"按钮，如图7-5所示。

06〉 人脸认证成功后，页面自动跳转至"快手小店"页面，表示开通成功，如图7-6所示。

图7-1

图7-2

图7-3

图7-4

图7-5

图7-6

拓展讲解：达人、个人店、个体工商店和企业店开通快手小店，需要提供的资料有所区别，具体如图7-7所示。

	身份证	营业执照	人脸识别
达人	✓		✓
个人店	✓		✓
个体工商店	✓	✓	✓
企业店	✓	✓	✓

图7-7

7.1.2　添加商品：小店商品类目添加

小店开通成功后，在快手小店的商家版页面点击"类目设置"按钮即可选择主营类目。每人最多可以选择三个主营类目。选择完毕三个月后可以进行修改，一次仅支持修改一个类目，如图7-8和图7-9所示。

图7-8

图7-9

拓展讲解：运营者根据自身的情况，添加合适的商品之后，即可上架商品，正式运营快手小店。快手小店的主营类目限制功能，要求售卖其他平台商品的用户，最多选择三个一级类目为自己的主营类目，在快手平台内进行售卖推广。因此运营者在设置主营类目时一定要谨慎，一次性选择完想要售卖的类目。

7.1.3 好物联盟：定向招商供给商品

　　快手好物联盟作为快手的分销平台，能够链接达人和商家，将商品卖给消费者。以往采取的是定向招商的方式，目的在于降低达人的电商化门槛，为主播达人提供更多优质的商品供给，如图7-10所示，为快手好物联盟的生态。

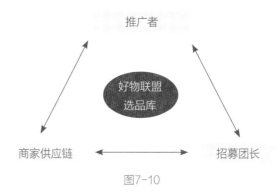

图7-10

　　整个快手好物联盟的生态由推广者、商家供应链、招募团长共同组成。推广者负责找货、找团长、找供应链基地；商家供应链负责提供优质商品入驻；招募团长是指具有品牌招商能力并能撮合推广者以提升商品推广效果的单位或个人，需要通过行业经验和积累完成供需匹配。

　　针对招募团长，快手电商将提供线上结算能力、数据沉淀与积累、达人与商家推荐、0费率、达人爽约保护、营销合作等多项赋能。

作为服务商家的一款流量型工具，商家可以使用小店通进行作品推广和直播推广，通过优化订单支付、信息流发现页投放、直播跳转直播间等方式，最终实现涨粉卖货，如图7-11所示。那么，作为新手，应该如何使用好物联盟上架商品呢？具体步骤如下。

01〉在"快手小店"页面，点击"选品中心"按钮，即可进入"好物联盟"页面。在"好物联盟"页面，可以看到各种商品，如图7-11和图7-12所示。

图7-11　　　　　　　　　　图7-12

02〉选择任意商品都可以添加至货架，如图7-13所示。

03〉新手第一次添加商品前，会自动弹出"开通好物联盟推广权限"，点击"立即开通"按钮即可，如图7-14所示。

04〉可以选择微信和支付宝两种方式绑定快手小店的收款账户。以微信为例，点击"立即绑定"按钮，然后根据自身情况选择商户类型，并点击"开始填写资料"按钮，按照页面要求一次完成即可，如图7-15和图7-16所示。

图7-13

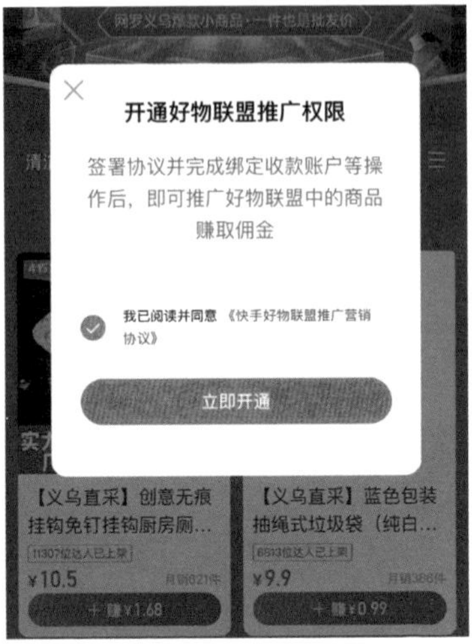

图7-14

图7-15

图7-16

05〉 提交资料后，点击"确认登录"按钮，如图7-17所示。

06〉 授权完成后，返回绑定页面，即绑定成功，如图7-18所示。

| 图7-17 | 图7-18 |

好物联盟开通成功，点击"加入推广商品库"按钮即可在商品页选择想要添加的商品，如图7-19所示。也可以点击"0元寄样"按钮，向卖家申请获得样品，如图7-20所示。

| 图7-19 | 图7-20 |

拓展讲解：了解了开通好物联盟的方法之后，新手在正式运营的过程中还会遇到以下一系列问题：

（1）推广商品没有样品怎么办？申请样品有什么要求？申请样品的邮费谁出？

答：达人选择推广某款商品后，可在"卖家端——推广商品——商品管理"中申请样品。申请成功后商家会决定是否寄出，如若商家同意寄出样品，则需达人自付邮费，并可在申样入口查看物流进度。若商家拒绝提供样品，达人也可自行购买。

（2）是否可以调整上架产品的价格和佣金？

答：上架商品价格及佣金仅支持由商家自行调整，推广达人不能进行修改。

（3）推广出去的订单，需要我退换货和发货吗？好物联盟商品退货地址怎么填？卖货产生售后问题怎么办，由谁处理？

答：通过推广达人分销售出的商品，订单会自动生成在供应商品的商家小店后台，不需要达人处理发货、售后问题也由对应平台的商家进行操作。退货地址填写至供货商家地址。但是买家可能不知道如何申请售后，需要您告知买家操作方法，毕竟商品是由您进行推广的，买家也是认可您才进行购买的，为了您的粉丝良好的购物体验，希望您可以帮助他们。

（4）在哪里看我的快手PID？

答：打开快手小店卖家端，点击好物联盟一栏下的"商品管理"按钮，如图7-21所示。然后在推广商品页面点击右上角的"推广管理"，即可查看自己的PID，如图7-22和图7-23所示。

（5）第三方推广功能怎么关闭和打开？

答：打开快手小店卖家端，点击头像，可查看小店详情，在页面底部点击"关闭三方商品推广功能"即可关闭，再次点击即可打开，如图7-24所示。

图7-21 图7-22

图7-23 图7-24

（6）入驻是否需要交保证金，还是直接入驻？

答：达人开通快手小店后，即可申请好物联盟推广权限，不需要交任何费用。

（7）快手收款账户实名认证的名字是否需要和开店的认证名字一样？

答：收款账户实名认证需和开店实名认证保持一致。

（8）佣金怎么提现？什么时候可以到账？

答：佣金收入页面有一个查看收款账号的选项，可以先点击查看自己绑定的收款账户，如果是显示绑定结算时会自动结算到对应的收款账户中。买家如果微信付款，就是银行卡到账，如果支付宝付款就是支付宝到账。买家确认收货后7天同时将货款结算给商家、将分销佣金结算给推广者，各方可自行手动提现。

7.1.4 小店养护：售后服务管理规则

了解了快手小店的开通步骤和相关功能后，其售后服务管理规则和运营方法也是新手应该熟知的。在"快手小店卖家端"页面底部点击"官方客服"按钮，即可进入"客服中心"页面，如图7-25和图7-26所示。

图7-25　　　　　　　　　　图7-26

在"客服中心"页面点击"小店指南"按钮，即可进入规则中心，在此页面运营者可以查看各种规则，如图7-27所示。

图7-27

那么新手应该如何运营快手小店呢？笔者主要总结为以下4个点。

1 利用热门流量高峰时间

在运营初期，选择平台流量活跃最高峰发布是最为稳妥的选择。此前根据数据平台观察分析，快手用户最活跃的时间是从晚上6点开始，持续到晚上9点。而其他的内容时间段，比如早高峰时间段和深夜时间段，也可作为备选。当初期积累了一定的粉丝数量后，便可再结合数据助手中的粉丝数据情况，有针对性地做出相应调整。

2 粉丝互动

快手具有明显的社交属性，"老铁们"之间的关系都很紧密，而视频能否被算法推荐也很大程度上与互动程度相关。

3 高效组合利用"作品推广"功能

"作品推广"是快手自带的内容推广工具，有三种推广形式可选择："发现曝光""同城曝光""关注置顶",覆盖快手的三大版块内容,但推广内容必须是发布30天以内的内容。发布视频后不要立即买推广,最好在1～2小时之后根据视频的已有流量情况慎重选择。

❹ 积极参与"快手实验室"

"快手实验室"是快手正在探索的功能,与平台未来可能做出的调整和发展方向紧密相关,用户可以按照其指引开通相关功能,体验后再调整快手账号的运营和发展路线。

总之,大家要想做好快手小店的话,积累粉丝是非常重要的,不仅如此还要与粉丝积极互动交流,增加彼此之间的信任感,这样后期才好推广你的店铺。

7.2 营销卖货:方法和技巧引爆客流

随着短视频平台的创作者及企业商家不断的摸索,短视频电商带货已成为红利流量的新入口。本节将从选品和商品组合两方面向大家介绍新营销卖货的方法,希望能在实际操作中给予运营者一些帮助。

7.2.1 零基础选品

短视频带货成为很多新人自主创业的手段。而想要实现短视频带货产品高转化率,除了内容创作者对视频内容的创意开发之外,还有一项重要因素:选品。

短视频带货产品选择是否符合账号定位,符合用户群体需求,决定了最后能够实现预期的产品销量。那么,短视频带货产品应该怎么选才对?有什么方法可以打造爆款"选品"?本节将为大家具体介绍快手带货产品的要点。

❶ 大数据选品

通过大数据选品的重点是要学会利用工具，不管是短视频剪辑制作，还是短视频电商选品，学会利用工具很重要。视频剪辑有剪辑工具，短视频选品也有商品数据分析工具。例如，想要查看快手短视频的电商视频中销量高的产品，就可以登录快手版后台，查看需要的数据。

了解到销量高或者呈上升趋势的产品数据后，就可以去天猫淘宝，找热点商品的店铺。可以根据所在短视频平台的特性，选择相应的卖货渠道。具体方式有以下4种。

（1）调查商品的上架达人数量。

一般情况下，某商品的商家达人数量越多，说明该商品越火爆，如图7-28所示。但同时也要注意，商家达人数量越多，用户对该商品的新鲜感也会相应下降。

（2）商品的历史销量数据。

可以根据商品的卡片近30天推广数据的增减趋势，判断该商品的市场需求情况，寻找最近销量不错、有上升空间的商品，如图7-29和图7-30所示。同时，运营者还需要对比上架达人数量与其商品的实际销量，优先选择那些上架出单转化率高的商品。

图7-28

图7-29

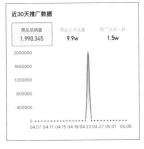
图7-30

（3）商品价格与佣金。

运营者在初入门阶段，不宜"眼高手低"，选择那些价格过高的商品。选择价格适中且佣金率合适的商品才是入门阶段的保险选择。

（4）商家的评分。

商家小店的星级评分代表了其店铺的商品质量、服务水平，选择评分更高的商家，更能保障粉丝的消费体验，如图7-31所示。

图7-31

❷ 合理利用"网红"效应

众所周知，明星机场街拍不只是拍照，更重要的目的在于"带货"。例如，街拍达人杨幂，她在机场的每一次私服穿搭都能引发某品牌的一次"断货狂潮"。同理，我们在做短视频带货选品时也可以合理利用这一"网红效益"。网络达人所推荐的东西，可以满足粉丝的心理需求。因此，在选品时，可以借鉴网络红人所推荐的产品。但重要的是，一定要抓住产品的第一波热度。

一方面很多产品有时效性，过了某一个时间段，产品可能不再适用；另一方面，网络红人推荐的产品，会被其他商家复制销售，如果错过了热点，则会错过商机。

❸ 根据用户的需求选品

不管是发布视频还是选品，解决用户的痛点，提供用户所需要的价值，是最有效的方法之一。能抓住用户痛点的产品不仅转化高，而且利润空间也较大。因为他们在表达痛点时，说明他们同时也在寻找痛点的解决方案。

❹ 同市场网站选品

我们在做短视频电商带货时，一定是垂直于某一个领域的。那么我们可以在同市场网站搜索相关品类，查看销量高的产品有哪些，作为参考来选择短视频要做的产品。

目前为止，国内可参考性较大的平台有淘宝、拼多多等。了解大趋势下用户的消费倾向，在选品时，才能尽量避开不受用户欢迎的产品。当然，短视频带货不能完全依赖选品的好坏，还需要确定带货账号的定位、视频发布的形式，视频拍摄、剪辑等，在本书的其他章节有详细介绍，在此不再赘述。

7.2.2　商品组合小妙招

既然是营销卖货，那么一定离不开直播带货。一场直播需要哪些类型的商品组合呢？本节将为大家揭晓答案。价格差异是盈利的关键促成因素，商品价格组合可以分为以下5个部分。

❶ 引流款

获取流量，需要成本。线下有店铺成本、线上也有排名成本，而成本除了"多花点钱"，还可以"放弃利润"。通过"放弃利润"也可以争取用户的注意力。引流款产品是可以帮运营者带来流量的产品，也就是说这个产品的排名较高，易吸引用户。

在实际操作时，可以做限时且限量的秒杀活动，并在直播间内进行互动，从而提高直播间的人气。刚入门的主播可以在选品中心抢购一元购商品，作为引流款商品来源，如图7-32所示。

值得注意的是，引流款并不等同于"廉价感"，这类产品有默认的价格范围。如

图7-32

羊肉串的正常价格是5元一串，而运营者在做引流时，限时限量卖0.1元一串，自然会吸引目标用户抢购，这样就能达到引流的效果。引流产品的设置在店铺中具有非常重要的作用，只有店铺有源源不断的流量，才能在后续转化为盈利产品。

2 利润款

一场直播的盈利多少关键要看利润款的销售数据。这些商品适用于直播间的目标用户，这些人追求个性，愿意并有能力进行消费。因此，利润款商品一般品质较高，而且产品卖点上有自己的独特之处。

一般而言，利润款上架的时段都是当直播间人气和流量较高的时候。这样一来，能确保利润款商品被更多的人看到。通过主播的不断反复讲解，让用户更多地了解商品的信息。并且，在流量较高的时候，主播会适当拉长商品的讲解时间，反复强调产品的价格或活动，以此增加商品的转化率。

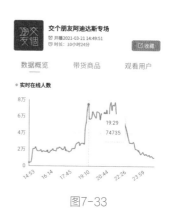

图7-33所示直播中，就可以在19：29时上架利润款商品，以此实现流量转化，达到最大效益。

图7-33

3 网红款

选择一些近期的爆款类目商品，这些商品自带热度，可以快速出单。直播间上架这类商品，无非就两个目的：清库存、冲销量。这些商品作为直播间主打款，一般讲解频次或讲解时长较高，以便让消费者充分了解该商品。

网红款商品，上架的时段没有太多的要求，不管是流量高的时候，还是人气一般的时段，都可以上架和讲解。因为这类商品既是直播间的主打款，又是冲销量的商品。因此，要想达到效益，那就需要时不时出现在直播中，加深观众的购买欲望。

4 高端款

大牌正品会提高直播间的层次感，帮助运营者和粉丝建立信任，通过品牌背书有助于转型。可以选择一定知名度的产品，保证质量，也可以避免售后问题影响直播间的转化率，如图7-34所示。

5 福利款

选择一些在生活中使用频率高，并且性价比高的商品，为直播间的粉丝准备宠粉福利价，让他们真正感受到"抢到就是赚到"，增强粉丝黏性，如图7-35所示。

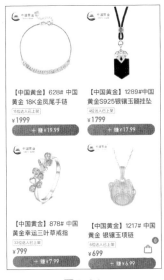

图7-34

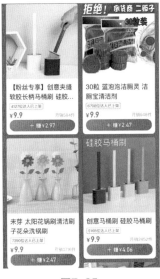

图7-35

以上即为直播间中商品组合的小妙招。相信不同类型的产品组合，会帮助运营者覆盖更多的用户，让直播间拥有各种购买力的用户。

7.3 变现要素：牢记核心迅速变现

　　快手的用户黏性非常强，经常一刷就是好几个小时。快手的流量也是巨大的，如果能行之有效地利用这些流量去变现，获得的收益也是巨大的。那么作为普通人，该如何去利用快手进行引流吸粉呢？本节就从几个不同角度出发，为大家讲解实现收益最大化的技巧。

7.3.1 宣传与盈利：二者结合新模式

　　无论是渠道分成还是广告植入，都很容易触到天花板。但是短视频平台中成千上万的生活类、美妆类内容创造者有着更加广阔的变现空间，那就是内容电商模式。在短视频底下放个淘宝链接，或者在短视频结尾放一个导流广告，可以很容易地实现短视频宣传及产品盈利。

　　对于图文类的"种草"文案，人们有可能对购买产生顾虑。比如照片经常会经过处理，实际的衣服很可能与图片有差距。而短视频对一件产品的展示会更加直观，更能激发人们的购买欲望。当然，商品转化率还取决于短视频中推荐的产品是否值得购买及视频主本身的受信赖程度。

　　2020年9月快手网红带货主播"玩家"，开启了一场饰品专场带货，当天涨粉70多万，单是新粉丝带来的GMV就超过了一千万，当天最后销售额达到9000多万元。其中一款单价五六百块钱的手链，如图7-36和图7-37所示，瞬间卖了三四千单，成为主播利用快手小店卖货的示范案例。

图7-36

图7-37

7.3.2　个性IP：打造独立的品牌

如果仔细观察一下各领域的头部短视频达人，很容易发现他们都有一个共同点：他们都有属于自己的人设。那么什么是人设呢？人设即人物设定的简称，也就是在用户面前所展示的形象，包括外貌特征和内在的个性特点。这个环节主要通过人格化聚集目标群体、提升粉丝黏性。

"李子柒"是一个专门输出美食类短视频的账号，主要围绕"古风乡村美食"这一主题，通过与众不同的系列短视频，成为快手上一抹亮丽的风景，如图7-38所示。

"李子柒"的每一个短视频都以唯美的拍摄手法为用户展示制作

图7-38

关食的过程，深受粉丝的支持和喜爱。每期短视频看似没有特别紧密的联系，但实际上都始终围绕着"古风乡村美食"这一主题，形成了一个完整的系列。

快手上各类型的短视频层出不穷，运营者可以先在主题设定上下功夫。"李子柒"一般会根据季节的变化，制定时令美食主题。例如，"桃林游记"就利用了春天的桃花，寒冬腊月时有"酸萝卜老鸭汤"，过年时也有"年货零食特辑"等。

粉丝在长期观看系列短视频时会产生深刻的印象。所以对于快手运营者而言，输出原生的系列内容所获得的效果远胜于非系列短视频内容。

另外，创作原生的系列短视频也可以为运营账号赢得口碑。当原生系列视频始终保持着较高的水准时，粉丝会在心中为其打上一个"佳作"的标签。一方面，有利于降低推广的难度，增强宣传的效果；另一方面，也有利于运营账号的可持续发展。如"李子柒"通过个性IP打造了独立的品牌，并在淘宝上面创建了"李子柒旗舰店"，销量非常可观，如图7-39所示。

图7-39

7.3.3 品牌溢价：能力提升是王道

品牌溢价就是产品拥有的附加值，也就是品牌产品能够比其他产品卖出更高价格的根本原因。例如，同样是运动鞋，一些国际大牌的售价就明显高于普通运动鞋，这就是品牌溢价的力量，是用户对品牌价值的认可。短视频领域也是一样，自主品牌短视频的溢价能力远远高于无品牌意识的短视频，无论是聚揽人气还是电商引流，自主品牌短视频都具有明显优势。

7.3.4 网红变现：高效实现盈利目标

网红变现是一种基于网红为核心的相关产业链，延伸出来的一系列商业活动，其商业本质还是粉丝变现，即依靠粉丝的支持来获得各种收益。

网红变现模式适合有颜值、有极具辨识度的人设、有专业的策划团队、有精准的粉丝群体的网红大咖。具体做法主要有以下几种。

1 卖个人的影响力

通过网红的影响力来接广告、做品牌代言人，或者做产品的代购等方式进行变现。

2 建立网红孵化公司

大网红可以创建自己的公司或团队，通过培养新人主播，为他们提供完备的供应链和定制产品，孵化出更多的小网红，从而共同增强自身的变现能力。

快手直播：
有效转化粉丝变现

第8章

　　网络直播是时下备受年轻人喜爱的一种新型内容传播方式。网络直播具备独特的优势，例如表现方式多样、互动性强、体验好、受众范围广、时空适应性强等。基于这些特性，直播逐渐成为引流和吸粉的主要渠道之一，作为短视频平台的领头羊，快手近两年亦大力推进平台直播板块的发展，为众多平台用户开拓了一条新的红利渠道。

8.1　直播行业：现状和前景分析

在互联网飞速发展的今天，人们的消费模式发生转变，为迎合消费者的诉求，传统的销售模式开始发生变化。依托于互联网、大数据和人工智能等技术手段的新零售模式得到了空前的发展，直播成为了新的风口。本章将梳理直播的现状与前景，讲解互联网直播的主要优势与特色。

8.1.1　直播现状：发展特点和发展方向

直播能受到广大用户的青睐，必然有其突出的特征优势。想要用掌握直播变现的奥秘，首先需要对直播的特征有一定的了解。本节将从3个方面对直播的特征进行细致的介绍和分析。

❶ 互动性

直播的互动性体现在主播和直播间粉丝的双向互动。一方面，主播可以通过实时评论和付费虚拟礼物等机制了解正在观看直播的用户的需求，当用户想更多地了解哪些内容都可以随时发布评论提出。另一方面，主播了解用户需求之后，可及时调整直播的内容，随时与观众进行实时互动，让用户产生"参与感"。这是直播的独特魅力。

> **拓展讲解：直播最大的优点就是互动性强，直播时可以提醒粉丝时刻关注直播间，利用红包、优惠券、抽奖、秒杀等一系列活动来增加用户的停留时长，增强粉丝的黏性，这样既可以提高粉丝在线流量变现，又可以为二次引流做铺垫。**

② 实时性

直播的实时性是互动性的基础。在直播中，主播和用户可以进行实时互动交流，主播运用自身高度专业的应变能力和娴熟的话术，不断调动用户的积极性和热情，营造良好的氛围。主播强大的带货能力很大程度就受到了实时性的推动。

（1）及时反馈。

由于直播中的互动是实时进行的，主播可以通过评论、礼物、观看人数和下单量等情况及时获得反馈，从而在直播状况不佳时及时调整，在直播火爆的时候也能更好地抓住时机，锦上添花。传统的图文、视频形式的非即时推送很难达到这样高度灵活的机动性。

（2）展现真实。

直播不同于图文、视频内容，后者可以通过后期制作、剪辑进行设计、美化，比如展示产品的图片和视频，都可以通过后期处理，将其中缺乏吸引力的部分删减掉。而直播却可以更大限度地保证产品性能完整呈现，从而获得用户的高度信任。

例如，当你在直播中展示口红的试涂，用户可以连贯、完整的观看整个试涂过程，这一过程中就很难造假。但如果通过图片或者视频来展现，由于无法看到真实的拍摄过程，用户就会对其呈现的效果是否真实产生怀疑。

③ 个性化

不同的主播有不同的直播风格，这体现了直播的个性化。而在实际的直播当中，这种个性化又可以折射为主播的个人魅力，从而成为一种可以量化的指标。随着直播的日渐火爆，主播和观看直播的用户都越来越多，当"直播经济"逐渐形成，直播这个形式本身的重要性甚至超越了直播内容。

在观看直播的过程中，很多时候用户观看直播并非了解产品，而是看主播如何"带货"。用户是否下单购买甚至不一定取决于产品的性能优劣或产品价格的高低，而是取决于主播的知名度高低、主播的推荐是否有吸引力、主播的影响力大不大、主播的直播风格讨不讨喜等因素。这时，主播的带货能力和人格魅力在消费决策中拥有很强的影响力和话语权。

随着5G技术的应用推广，5G网络高带宽、低时延、海量连接的特性将会为超高清视频带来强有力的支撑。网民步入视频高清化、信息视频化时代，视频成为信息表达的重要载体。在线直播将继续渗透大众的日常生活。根据直播行业发展趋势分析，从平台发展而言，5G技术能有效提升网速，改善视频画质，显著提升用户观看体验，提升用户留存度。5G时代下，VR、人脸识别等新技术应用得到支持，赛事直播、企业直播等现场模式将扩大应用范围，实现直播形式和场景多元化。

目前快手的直播业务已经处于成熟期，虽然受政策影响，直播收入增速由2018年的135.4%下降到2020年的5.7%，但直播群体不断扩大，直播收入稳步增长，由2017的79亿元猛增到2020年的332亿元，如图8-1所示。

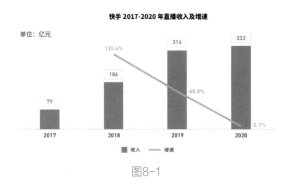

图8-1

根据艾瑞咨询数据统计，直播虚拟礼物打赏行业在2019年至2025年将保持19.9%的年化复合增速，长期增长潜力依然可观。中国拥有全世界最多的直播用户，2019年占全球直播平台用户数约50%。此外，中国直播平台的平均日活跃用户数于2019年已达2.134亿，到2025年预计将达5.128亿，每位日活跃用户的日均花费时长预计将从2019年的33.2分钟增至2025年的51.9分钟，如图8-2所示。

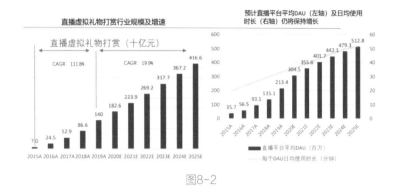

图8-2

8.1.2 直播前景：网络直播趋势展望

相比传统的销售模式，依靠带货来推动商品的销售更为方便快捷，助销效果也相对较好。在带货的过程中能让消费者充分了解商品，建立信任，还能享受更为优质的服务。本节主要介绍带货的优势与特色，分析带货可以有效提高商品效率的主要原因。

❶ 直接购买，消费者下单更方便

如今，很多内容创作分发的平台都与电商接轨，内容创作者们可以将带货的商品添加到作品中，消费者只需点击链接便可以直接下单购买对应的商品。图8-3所示是快手上的一个情感类分享视频，在视频下方提供情感类书籍的购买链接，能让用户更加轻松便捷地完成购买，而内容的创作者可以挣取商品的佣金，如图8-3所示。

站在消费者的角度来看，这种一站式的购物不仅省心还更让人放心。除了可以通过达人或是其他购买者的体验、评价得到关于商品的真实反馈，还能享受优质的相关服务。为了能

图8-3

让消费者更加放心地下单购买，电商平台和内容平台双方都需要承担起保障商品质量的责任，这样才能让带货进入良性循环。

2 商品展示、卖点展示更直观

不管是"种草""安利"还是带货推销，能吸引众多粉丝的一个重要原因是"真实"。它们能给用户一种身临其境，仿佛亲身体验的感觉。这些作者或主播通过视频或是直播，甚至依靠简短的文字描述和图片展示，就能把商品的核心卖点宣传出去，牢牢抓住消费者的需求点。但由于无法和消费者面对面接触，商品展示要能让人信服，绝非容易的事，为了克服这样的困难，创作者和主播们都使出了不同的看家本领。

"爱美之心人皆有之"，美妆成为年轻女孩的一大消费支出。在传统的柜台销售模式下，消费者购买美妆用品可以在柜台试用体验，而在视频、直播带货中，商品体验转嫁给了值得信赖的作者或主播。图8-4所示为快手中的美妆博主发布的口红"种草"视频。为了能让观众切身感受到口红的质地和颜色，她亲自上唇试色并用高精度的摄影器材记录下特显镜头。

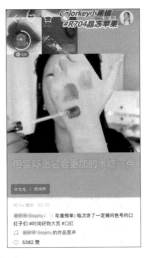

图8-4

　　食品安全一直受到人们的高度重视，通过网络渠道购买自制食品，很容易引起消费者的担忧。为了打消这种疑虑，商家们利用直播，让消费者"眼见为实"。图8-5所示为薯粉商家在电商平台开设的直播间，该直播间内每天都会直播其火锅红薯粉条的产品介绍和试吃活动，用户通过直播可以学习各种火锅的制作技巧，同时能对购买的商品感到放心。

　　借助新媒体的各种手段，不同商品都能找到适合的展示方法，这些方法能够让商品的卖点与优势立体生动地呈现在用户面前。未来，随着VR技术的不断完善，还会出现更多将虚拟现实与带货商品的展示相结合的事例。到那时，会带给用户更加真实的体验。

　　❸ 营销活动，激发消费者购买

　　在营销方面，带货比起普通的广告还有一个显著的优势，就是能在商品宣传的同时，开展一些专享的促销活动。而且一些与厂家直接达成带货合作的内容作者或带货主播，没有了中间商赚取的差价，消费者享受的价格往往是十分优惠的。

　　图8-6所示为某电商厂家开设的直播间。用户进入直播间内观看带货直播，可以参与直播间的抽奖活动，还能依靠累积观看时长获得商家的优惠券。另外，在直播间内还能享受满减、积分抵扣、多买多赠等优惠。

图8-5

图8-6

8.2 直播设备：好的硬件才有好的效果

硬件设备是帮助开展直播、提升直播质量的实用工具。缺少这些硬件设备，不仅呈现的画面和音频效果会大打折扣，有时还会影响到直播的顺利进行。因此，在正式直播之前最好提前准备好所需的设备，保证直播的整体展示水平，提升直播的质感。

8.2.1 麦克风：好麦为主播声音加分

音频设备是重要的直播设备，清晰的声音传达对直播也很重要。直播不同于短视频，它是没有字幕的，如果音频不够清晰，再精湛的话术和专业的产品介绍都难以传达给用户，更不用说带货了。接下来介绍几款音频设备。

❶声卡

声卡，又名音频卡，是常用的音频设备。它能够通过外置接口实现声音的转换输出，是一名带货主播必不可少的设备之一。

好的声卡能够提升所录制的声音的效果，使音色和音调更加自然动听，让声音更加立体。声卡会配备专门的调音台，能够对声音进行调节。

❷电容麦克风

电容麦克风是麦克风的一种，通俗来说就是话筒，用来接收主播的声音，如图8-7所示。电容麦克风相较于传统的麦克风更加灵敏，对声音的接收能力更强，因此能够录制到更加细腻而具有表现力的声音。在带货直播中，主播声音的感染力非常重要，使用电容麦克风能够更好地将主播的情绪传达给用户。调动用户的情绪，从而实现直播间氛围的升温。

相较于传统的麦克风，电容麦克风的另一个优点是轻巧灵便，有一定抗摔抗震的能力。在直播中被误碰或者撞倒也不会导致直播事故的出现，因此能够适应直播带货的要求。

❸ 无线手持麦克风

无线手持麦克风是生活中最常见的一种麦克风，如图8-8所示。它的功能比较简单，但能够满足一些简单的带货直播的需求。通常与麦克风支架搭配使用，能够避免占用一只手来拿话筒，影响产品的展示。

图8-7   图8-8

❹ 麦克风支架

麦克风支架，顾名思义，就是用来固定麦克风的支架。它主要分为桌面三角支架、悬臂支架、落地支架三种。

（1）桌面三角支架。

桌面三角支架价格比较实惠，和传统的麦克风能够搭配使用。但由于它需要被布置在桌面上，如果直播中介绍的产品需要在桌面上进行展示或者摆放，比如饰品带货直播、美妆带货直播等，那么就可能出现桌面空间不足的尴尬情况。

（2）悬臂支架。

悬臂支架是比较常用的支架，它能够随意调节角度和高低，使用起来也比较灵活。而且由于悬臂是可以拉伸的，因此可以不必固定在桌面上，节省了桌面空间，如图8-9所示。

（3）落地支架。

落地支架不需要固定在桌面或架子上，而是可以直接放置在地面，主播可以自由调节高度，如需更换位置也可以随时移动，也具有一定的灵活性，如图8-10所示。落地支架在服装带货直播中经常使用。

图8-9　　　　　　　　　　　　　图8-10

5 防喷罩

防喷罩是用来保护麦克风的工具，如图8-11所示。由于直播中主播需要不停地说话，尤其是在距离较近的情况下，麦克风很容易由于喷出的唾沫或水汽而受潮，减短使用寿命，给麦克风加上一个防喷罩是比较必要的。而且，防喷罩还可以有效规避"喷麦"等情况，使录制的声音更加顺耳、清晰。

6 监听耳机

监听耳机是返送原始音频的设备，如图8-12所示，它在直播中的作用就是让主播实时听到自己真实的声音，对自己的声音能够有所把握，从而可以及时进行调整音量、吐字等情况，优化直播的观看体验。

图8-11　　　　　　　　　　　　图8-12

8.2.2 摄像头：让镜头里的自己更动人

在直播的过程中，主播需要通过画面与直播间粉丝进行互动交流、展示产品细节。稳定清晰的画面能够全方位地提升粉丝的观看体验。而实际的拍摄效果很大程度上受到摄像器械的制约。专业的摄像器械能够拍摄出更具稳定的画面，从根本上提升画面质感。接下来介绍几种提升拍摄水平的摄像器械。

❶ 高清摄像头

高清摄像头是指分辨率达到720P及以上的摄像头，使用高清摄像头能够避免画面模糊不清，快速提升直播的质感和专业度。在带货直播中，粉丝往往希望通过画面更加清晰地观察产品的外观及性能，因此保持较高的画面清晰度是优质直播的必备属性。

直播购物是线上消费一种形式，它与在实体店中购物不同，用户无法亲手亲眼地了解产品，而是由主播代为使用和展示，因此，我们也可以将其视作一种以视觉为主导的消费。运营者应当尽可能注重画面质感的提升，一方面它能传递更多关于产品的信息给观看直播的用户，另一方面，清晰的画面能够使直播显得更加专业，提升用户对直播和产品的认可度。

当前越来越多的商家开始进入直播市场，进行直播带货。有些商家甚至准备了专门的直播布景，彰显权威度和专业度，而有些商家直接在线下店铺中完成直播。不同的拍摄条件所呈现的视觉效果自然不同，这是由商家自身的资源所决定的。但高清摄像头安装起来并不复杂，成本也不高，却可以尽可能缩小画面效果的差距。

❷ 运动相机

随着技术进步和自媒体门槛的降低，拍摄工具从相机渐渐过渡到手机，越来越多的人拿起手机随时随地进行拍摄，想播就播。但是就拍摄性能而言，手机与相机仍然存在差距，相机能够降低后期处理的许多麻烦。

运动相机是专门拍摄运动画面的相机，它能够满足动态拍摄的要求，提供多样化的拍摄角度，如图8-13所示。

❸ 手机云台、手持稳定器

手机云台和手持稳定器都能防止抖动，是帮助画面聚焦、稳定拍摄的良好工具。稳定器的防抖功能更加强大，但在一般的直播中，手机云台已经能够满足拍摄需求，如图8-14所示。

图8-13

图8-14

手机云台搭配手机使用，支持自动转换画面，底部有支架，运营者可以直接将手机连接云台，放置在固定位置。云台可以智能控制手机，跟随拍摄主体的行动来实现画面的转动。主播能够有效地"解放双手"，专业完成产品的展示，提高带货的效率，尤其是在一些需要主播全身出镜的直播中，比如服装带货直播。

❹ 支架

手机支架是常见的直播辅助工具，支架底部有带有螺母的底板，可以固定在桌面或架子上，支架的杆身能够根据拍摄的需要自由调节拍摄角度，如图8-15所示。

使用手机支架的好处在于它能

图8-15

固定拍摄工具，主播不用自己举着手机，而且在直播过程中可以方便快捷地调整拍摄角度。但它与手机云台的区别在于手机云台可以自动完成镜头的转动，而手机支架需要主播手动进行调整，因此，在进行全景画面拍摄时，使用手机云台更加方便，而手机支架则更加适合用来拍摄特写画面，如美妆带货直播、珠宝带货直播等，主播只需要拍摄近距离的画面即可。

8.2.3　灯光配备：视觉效果更明亮

良好的直播画面会受到布景、光线等因素的影响，而光线是可以通过人为的调节来把控的，因此，要想为用户提供良好的观看体验，灯光设备也必不可少。

❶ 补光灯

补光灯即摄影补光灯，简单来说它是用来为画面打光，提亮画面的，如图8-16所示。补光灯具有调节光线条件、突出拍摄主体、烘托画面氛围等多重作用，在实际情况中有着广泛的使用。

❷ 柔光箱/柔光罩

柔光罩又称闪光灯散射罩，作用

图8-16

是使光线更加柔和自然。柔光罩主要分为反射式柔光罩、直射式柔光罩、扩散式柔光罩三种，具有轻巧便捷的特点。

柔光箱则是通过漫射降低光线的硬度，能够扩大发光面，使色彩更加鲜艳锐利。它由反光布、柔光布、钢丝架、卡口四部分组成，具有多种形态，如长方形柔光箱、正方形柔光箱、八角形柔光箱、伞形柔光箱、蜂窝柔光箱等。柔光箱必须安装在灯架上，不能单独使用。

8.3　快手直播：快速开通直播的方法

快手是知名的短视频平台，诞生于2011年。最初的快手是一款用于制作和分享动图的手机应用，随着短视频的流行，快手的迎来了发展的春天。图8-17所示为快手App的logo与宣传语。

图8-17

2015年快手用户超过1亿，次年用户人数更是突破了3亿。2017年快手注册用户达5亿，月活跃用户突破1.5亿，日活跃用户高达五千万。这样庞大的用户数量和良好的用户增量是很多短视频平台所羡慕的，究其原因在于快手独特的平台定位。

与其他短视频不同，快手短视频瞄准的目标用户群体主要来源于一些下沉市场。快手以"接地气""草根文化"等特点，吸引众多用户的关注，尤其是快手有意无意间塑造的"老铁文化"，更是深入人心。"老铁"一词来自方言中的"铁哥们"，主要用于形容朋友间亲密的关系。在快手，"老铁"成为人们彼此间的称呼，这样就逐渐形成快手用户间值得信赖、亲密牢靠的相处氛围。

随后，电商带货的流行让快手的网红达人们找到了新的变现渠道，带货逐渐成为快手直播的主要内容。图8-18所示为快手的众多直播间，大部分直播间的内容以商品带货为主。直播间的标题更是简明扼要的指出"带货"的内容。用户通过关键词搜索，还能直接在快手的商城中找到对应的商品，如图8-19所示。

在快手，直播带货也具有与众不同的色彩。快手的主播给人一种"粗粝且路子野"的印象，且各大带货的主播形成了以"家族"为单位的特色的抱团体系，即形成一种"1个头部主播+N个次级主播"

的矩阵，这被人们戏称为"快手的家族江湖"。对于一个新入驻快手的带货主播，若能加入到一个家族矩阵中，依靠矩阵中各成员的相互引流，很快便能在快手获得很多忠诚度较高、黏性较好的粉丝。

图8-18

图8-19

拓展讲解： 运营者在直播平台需设置一个引人瞩目的主题和图标，因为打造良好的外在形象可以很好地宣传自己，并更高效地达到引流的目的。

在快手平台开通直播并不难，那么究竟需要达到什么样的条件才能开通直播呢？笔者从8个方面给出了答案，如图8-20所示。

由图8-20可知，在快手开通直播的门槛并不算高，接下来笔者介绍快手新用户开通直播的具体步骤。

图8-20

01〉 打开快手，在首页点击"拍摄"按钮◎，即可进入直播页面，如

图8-21所示。

02〉在直播页面，点击"开始视频直播"按钮，如图8-22所示。

图8-21　　　　　　　图8-22

03〉如果账号未进行实名认证，页面会自动跳转至"实名验证"页面。填写"姓名""身份证号"之后点击"同意协议并认证"按钮，自动进入人脸验证步骤，操作结束之后即可正式开始直播，如图8-23和图8-24所示。

图8-23　　　　　　　图8-24

> 拓展讲解：对于现代的"快手人"来说，快手账号的更换比手机号码的更迭快得多。那么，对于市场需要用到短信验证的App而言，绑定手机号可以有效保护账号的信息，并能避免因忘记密码导致账号丢失的情况。

接下来介绍在快手中绑定手机号的具体方法。

01〉打开快手的侧边栏，点击"设置"按钮，即可进入"设置"页面，如图8-25所示。

02〉在"设置"页面点击"绑定"按钮，随后输入手机号和密码，并点击"确定"按钮即可完成绑定，如图8-26和图8-27所示。

图8-25　　　　　图8-26　　　　　图8-27

8.4 产品展示：产品是直播的核心

学会开通直播之后，则将进入正式的直播中。对于带货直播而言，展示产品是直播过程的主要环节。主播需要掌握展示产品的方法，以便更好地激发消费者的购物热情。在展示产品前，主播需要明确产品的优缺点，对产品进行客观的判断，同时确定产品的卖点。在展示产品的过程中，主播要把握好消费者的需求，才能激发消费者的购物热情。

8.4.1　了解产品，明确卖点

主播在展示产品前，要掌握产品信息，然后主播才能够确定产品的卖点。同时，任何产品或多或少都是有缺点的，主播在介绍产品时不能回避缺点，但可以使用一些技巧扬长避短。主播在展示产品前要先做好功课，这样在直播时就能更好地引起消费者的购物冲动。

为了更好地了解产品优缺点，主播可以通过向厂商询问、阅读报纸和杂志、试用等方式多方面地了解产品。同时，主播还要区分产品的哪些缺点是由于产品本身的不足导致的，哪一类缺点是这一类产品所固有的。

在明确产品信息的基础上，主播可以对产品进行分类，或对产品的各个型号进行分类，与消费者分享一些挑选产品的小技巧。图8-28所示为某主播在直播间中向消费者展示口红细节的页面。

图8-28

8.4.2　展示细节，循序渐进

在产品展示的设计上，主播要事先安排好直播中所需展示产品的顺序。这样不仅有利于合理地安排直播内容、把握直播流程，还能带给消费者更好的观看体验。

在安排要展示的产品顺序时，主播可以根据产品的品类、风格、受众等对产品进行分类。将产品分好类后，主播可以统一地进行讲解有共同点的产品。这能够有效提高主播直播销售的效率。

在产品展示时，主播要注重细节，循序渐进，不可为了已有的台本而急于转到下一个环节，要让消费者充分感受到产品的魅力。图8-29所示为某主播在直播间中向消费者展示服装细节的页面，让消费者看到服装的每一个细节。

图8-29

8.4.3　试用产品，展示效果

相对于传统的网上购物，许多消费者都愿意通过观看直播来进行购物。因为消费者可以通过主播使用产品看到产品的实际效果，从而更愿意购买产品。

为了向消费者更好地传达试用产品的真实体验，主播需要尽可能地将自己的真实体验表达清楚，让消费者充分感受到产品的功效。主播要结合消费者的特点，抓住其情感需求，生动形象地介绍产品的使用体验，并辅以创意性的内容表达，才能更好地激发消费者的购物热情。

如果主播有搭档的话，也可以和搭档合作实现产品的试用，更好地介绍不同产品或同种产品在不同人群身上的效果。图8-30所示为某主播在为其护肤品进行使用和讲解，对产品的特点与使用流程也分析得很到位。

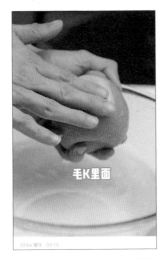

图8-30

8.4.4　通过比较，突出优势

在展示产品的过程中，主播要放大产品的优点，塑造产品的高性价比。产品的优点和产品的高性价比是促使消费者下决心购买的重要因素。在展示产品的过程中，主播应将产品与同类商品进行适当对比，从而塑造出鲜明的优点与较高的性价比。

以消费美妆产品为例，在直播的单品介绍环节，主播可以对每款产品的材料、成分、功效、适用人群等进行详细地介绍，以便放大产品的优点，主播还可以进行形象化地说明，说明在具体情境下如何使用产品并进行搭配。

产品与同类商品的对比更能体现产品的优惠，也更能塑造产品的价值。在直播过程中，主播也需要多次提醒消费者购买产品所能享受的优惠，例如"同类商品可能需要更贵的价钱""现在下单享受折扣优惠"的话术。对产品优惠的多次提醒也能强化消费者对产品高性价比的认知。

图8-31所示为美妆达人对比多款不同的粉底液产品，从遮瑕、质感、持久等多个方面评价产品，突出它们各自的优势，让观众根据自身需求进行选购。

图8-31

8.4.5　售后服务，更加靠谱

主播在展示产品后应当及时讲明产品的售后服务，消除粉丝的后顾之忧，以吸引更多消费者下单。当前，许多产品都提供保修、退换等服务，主播要在介绍产品的过程中一一说明，能使消费者消除疑虑，快速下单。

例如，某主播在直播间推销一款女鞋，该女鞋性价比高，样式也较时髦，粉丝在直播间下单还能享受优惠券折扣，但粉丝的消费热情并不高。这时，主播注意到很多消费者都在评论中询问鞋子的售后问题，迅速补充道："除上述福利外，我们家鞋子的售后服务也十分有保障，不合脚或其他质量问题都可以进行退换。"经过这番补充，之前对鞋子售后不明确的消费者纷纷下单。

当前，众多平台的网络运营单位已专门成立售后服务组。售后服务组专门对售后问题进行反馈和回复，对有换货需求且符合条件的消费者，主播和商家可通过售后客服详细告知具体换货方式。而主播也要与消费者保持长期沟通，询问其对售后服务的意见或建议，优化服

务流程上各个环节，努力为广大消费者提供更
好的购物体验。

　　主播在直播的过程中，讲明产品的售后服
务非常有必要。随着越来越多的人员加入直播
队伍，这个行业绝非"一锤子买卖"，即使产
品一开始销量较高，若无过硬的质量保证，产
品也难以持续受到网友追捧。让消费者买得舒
心、吃得放心、用得安心，才能运营长久。图
8-32所示为某品牌电器的直播间，为了给消费
者提供售后保障，直播间内不仅设有"下单送
延保"宣传，更是在直播间的页面中留下了售
后的电话，消费者可以随时拨打电话进行售后咨询。

图8-32

::::::::::::::

8.5　带货策略：提高产品销量的方法

　　在直播带货的过程中，主播要时刻把握消费者的心态，明确消费
者的诉求。如果主播呈现的产品不能让消费者受到吸引，就难以激发
消费者的购物热情。因此，主播需要使用一些技巧让消费者感到产品
的魅力，促成交易，让成交量得到提升。

8.5.1　主播人设：反复加深观众印象

　　对主播而言，打造个人形象是一个需要不断努力、不断接受反
馈、不断改进的过程。主播必须在个人美感和观众喜好之间找寻平
衡，反复锤炼人设，以加深观众的印象，才能让观众记住主播的特
色，实现吸引粉丝的目标。

塑造形象不仅指外表，还包括语气、表达、动作、才艺、仪态等多方面内容，这些都需要一定的构思和实践经验。主播应结合自身特色不断尝试，挑战不同风格，如清新爽朗、豪放不羁、甜美动人等等，不断磨合，一定能找到适合自己的特色。

❶ 挑选合适的话题

不同风格的主播会挑选不同的话题。乐观开朗的主播在聊天时可积极拓展话题，多聊聊自己的体会与感受。自信沉稳、矜持冷艳的主播则可适当对观众提出的某些敏感话题避而不谈，塑造自己的形象。

❷ 直播间背景

如果是真人出镜，主播需要注意直播间背景的风格与要素。例如，甜美型主播可借毛绒玩偶、粉色家具等配饰塑造直播间氛围，也可在直播间页面的设计元素上费点心思，点缀清新配色、小爱心、卡通贴画或彩色边框等。图8-33所示为"花西子"的直播间，纯蓝色的背景颜色塑造了整个直播间干净、整洁的氛围。

图8-33

8.5.2 价格策略：性价比高才是硬道理

出于对产品性价比的考虑，部分消费者在看到产品价格较高时就会犹豫。要想让这部分消费者下单，主播可以通过各种渠道为直播间的产品争取优惠，降低价格。另一方面，主播可以使消费者认识到主播推荐的产品物有所值，不再犹豫而快速下单。

❶ 突出性价比

主播可以从产品的质量入手，反复向消费者强调自己推销的产品比同类商品的质量更好、性价比更高。从消费者心理出发，性价比更高的产品自然更受欢迎。在产品价格相差不大的情况下，性价比高的产品更有竞争力。

例如，在销售一款护肤品时，主播可以从产品的品牌、成分和功效入手，突出产品的性价比，吸引较注重护肤效果的粉丝，提高销售额。

❷ 对比同类价格

当某类产品的市场价格本就很高时，主播可以将产品价格与市场同类价格进行对比，向消费者表明自己所销售产品的价格优势。

主播通过直观的价格对比，让消费者明确自己所推荐产品的价格优势，能够有效地刺激消费者快速下单。此外，主播也可以向消费者强调直播间的满减、折扣等优惠服务，进一步打消消费者的顾虑。

❸ 价格分析

主播也可以为消费者剖析产品价格高的原因，从制造产品所需的创意、人力、物力等各个方面进行分析，使消费者了解到产品的制作难度和独特的价值。例如，主播推销的皮鞋是手工制作的，这时主播就可以向消费者强调皮包的选料严谨、设计独特、手工制作等特点。图8-34所示为某主播的皮鞋细节展示，在充分认识到产品的价值后，消费者会更易于接受产品的价格，也就会果断地下单购买。

图8-34

> **拓展讲解：** 当直播价格确定后，接下来可重点优化直播间商品分布与各SKU的占比，比如可设置为热销爆款10%+新品首发10%+特价清仓款10%+常规款40%+利润款20%。其中爆款与新品帮助品牌增加竞争力获取直播流量；特价清仓款快速清库存，回笼资金；常规款与利润款则在丰富品类的基础上，维持销量提升利润。

8.5.3 促销活动：抓住机会让带货更火

为了提高产品销量，让产品供不应求，主播需要掌握各种促销法则，结合特殊的日期、时事、时令变化等开展各种促销活动或限定活动，激发消费者的购物热情。

❶ 节假日促销

在节假日，消费者的购物需求会空前暴涨。例如，许多消费者会在中秋节购买月饼，元宵节购买元宵等。如果主播在节假日用好、用对促销方式，就能够进一步激发消费者的购物热情，提高产品的销量。

节假日促销是常见的促销方式，以突出纪念性为主要特征，在特殊的日子给消费者提供特殊的优惠权益。主播在节假日开展促销活动能够使促销产生更好的效果，不仅可以提高产品销量，还可以扩大直播间的知名度。

❷ 纪念日促销

为提升消费者的购物体验，各大平台都推出了为过生日的消费者免单、赠送小礼物等促销活动。在消费者生日当天进行促销活动，能让消费者感到主播的关怀与重视。

纪念日促销的本质是以特殊的时间点为促销理由，为消费者提供购物优惠。主播在进行纪念日促销时，要特别注意告知消费者纪念日活动的时间和主题，例如主播个人的开播周年纪念日、主播粉丝"破万"纪念日等等。图8-35所示为天猫商城的年中大促活动，每年的6月18日是电商平台开展年中大促的日子，主题围绕年中促销展开，大量的折扣优惠能吸引很多的消费者下单购买各式各样的商品。

在纪念日促销活动中，主播也可以为消费者准备一些创意礼品。礼品上可以体现个人

图8-35

特色和直播间特色，向消费者重点介绍直播间特色，并表达主播的新意。纪念日促销能够提高消费者对主播的黏性，刺激消费者进行消费。

8.5.4　增设福利：增强气氛加速购买

为了提高产品的销量，主播有必要以满足消费者需求为中心，开展各种福利营销活动。主播可以围绕产品为消费者提供优惠，如发放产品优惠券、买一送一等，也可以通过抽奖的方式进行让利。这些增设的福利既可以吸引消费者购买产品，也可以增强消费者的黏性。

1 产品优惠

主播可以在直播中发放产品优惠券，也可以通过各种方式直接赠送产品。例如，不少主播都会在直播间内发放店铺的满减优惠券。

发放产品优惠券这种福利营销方式实行时成本低，投放精准，因为发放优惠券的对象也锁定在了直播间内的消费者之中。优惠券的福利与主播的产品介绍形成了双重吸引，消费者更容易进行消费。图8-36所示为某主播间对零食产品发放的福利优惠券。

图8-36

主播也可以在直播间内推行"产品买一送一""多买多送"等以产品为中心的福利营销方式。合理开展促销活动可以有效提高产品的销量。当然,主播要考虑成本问题,避免资源浪费。

❷ 抽奖让利活动

抽奖是主播进行福利营销的重要手段。抽奖这一优惠形式抓住了消费者追求实惠的心理,而主播在直播销售中开展抽奖活动的行为会引起更多消费者的关注,从而提升产品销量。

主播可以通过定期抽奖吸引消费者观看直播,大幅度提高消费者黏性。开展抽奖活动时,主播不一定每次都要赠送价值非常高的奖品,可以通过增加抽奖次数,降低奖品价值,吸引消费者关注直播间。获得奖品能增加消费者的满足感,能起到留存消费者、刺激消费者下单的作用。主播还可挑选大型节日进行抽奖让利活动,这也是消费者与主播进行互动的一种形式。

❸ 展示才艺

主播可适当展示才艺,丰富个人形象,提高观众的期待值。如果你喜欢音乐、爱好唱歌,就能发扬你的优势,偶尔为观众唱一首歌,以积极开朗的心态演绎你的才艺,自然会受到观众的欢迎和认可。图8-37所示为某位主播在直播中唱起歌来,与粉丝"打成一片"的画面。

图8-37

值得注意的是,塑造受观众欢迎的形象并不意味着要时时刻刻取悦观众。如果主播一直循规蹈矩,刻意地代入自己塑造的"人设"之中,反而会令观众觉得生硬,产生审美疲劳。过于单调的形象也不利于吸引新的观众。

8.6　沟通技巧：直播带货的说话之道

直播间是主播和观众沟通互动最重要的桥梁，主播除了要调动现场气氛，还要尽可能地增强与观众的交流，提高每个人的参与感，这就要求主播必须掌握与观众沟通的技巧，增强与观众的交流。主播的感染力越强，就能留住越多的观众，更可能将其转化为粉丝。下面介绍一些与观众交流的互动技巧。

8.6.1　接地气：亲切真诚，说话自然

在直播过程中，主播可以多谈谈自己，表达心声，用亲切真诚的形象引起观众的共鸣。主播可以分享今天的所思所感，也可推荐自己喜爱的歌曲和电影，并且要留意公屏上的用户发言，结合自身体会，及时加以回复。图8-38所示为某直播间滚动的用户发言。

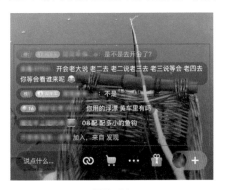

图8-38

很多主播在直播时更注重对产品的介绍，全程都在说明产品的功效、使用体验等，与粉丝进行互动时也只是围绕产品为粉丝答疑解惑。这样的推销方式虽然可以让粉丝充分地了解产品，却不一定能够让粉丝相信主播的推荐。因为在粉丝心中，主播只是在机械地推销产

品，不够亲切自然。

薇娅在直播过程中就不会单纯地推销产品。在推销之余，她也会和粉丝讲一些生活中的小故事，分享自己和家人之间的趣事。所以，她在粉丝眼里不只是一位淘宝主播，也像是生活中的邻家大姐姐。

8.6.2 个性化：塑造恰当的语言风格

直播在不停地推陈出新，众多直播平台更是不断推出崭新的直播内容与直播方式。主播在创新带货方式、敢于尝试新鲜事物的同时，应坚持自己的独特风格。主播的互动语言应与自己的风格相符，凸显鲜明的个人形象，方能取悦大部分粉丝，不让他们觉得突兀。

在众多风格中，幽默的语言是主播需要首先学习的。主播在直播过程中适时地使用幽默的语言能够使直播间的气氛更加轻松愉悦，而粉丝正需要这种轻松的气氛。主播还可以运用幽默的语言巧妙地化解尴尬。幽默的语言不仅能化解尴尬，还能展现主播的智慧，以人格魅力吸引更多粉丝。

8.6.3 专业性：表述精准，值得信赖

在介绍产品的过程中，喊口号式的推销难以使粉丝完全信任主播，主播必须展现专业素养，用自己的专业知识征服粉丝。

以皮包产品为例，一些粉丝对皮包行业没有过多了解，也缺乏相关知识。粉丝在购买皮包时会发现不同的材质、款式，相对应的搭配风格也不尽相同，很容易陷入迷茫，不知如何进行挑选。这时，主播就可以展现专业本领，为粉丝提供帮助，提供粉丝需要的信息。

无论主播推销什么种类的产品，都要对产品有足够的了解，展示自己的专业性，以获得粉丝的认同。表述精准的主播能更好地与粉丝建立信任关系。

8.6.4 多交流：调动观众的积极性

除了展示自己的专业知识外，主播还要在直播带货过程中拉近自己与粉丝的距离。许多主播会向进入直播间或送上留言的观众表示感谢，使观众感觉自己受到了尊重。同理，当有观众送礼物时，无论数量与价格的多少，主播都应向送礼物的人表示感谢，也可配上适当的赞美，让粉丝感受到主播的诚意与热情，并有意愿继续互动。

主播需要多站在粉丝的角度考虑问题，多关注粉丝的需求，这就要求主播用心应对每位观众，关心每位观众的言论，留意他们的动态。同时，主播不可在新老粉丝间有所偏颇。主播平时可多与老粉丝分享喜怒哀乐，增强情感联系。而在直播过程中，应对新粉丝和游客的反馈及时给予应对，使他们感受到主播的重视，从而转化为固定粉丝。